聚拢人心的法门

曾仕强 著

北京联合出版公司
Beijing United Publishing Co.,Ltd.

果麦文化 出品

目录

第1章

管理之道，始于人性演进

一、管理的主体是人员

有人说，管理的对象，有人力、财力、机械、方法、物料、市场、士气、信息、环境及管理哲学等十大项目。但是我们不主张把人当作管理的对象，因为所有管理对象都有赖于人力去完成，所以人本身不是资源，而是能够运用各种资源的主体。

管理不是管人，而是管事、管物、管人以外的资源。把人纳入管理的对象，就相当于把人当成物。这是东西方文化一个很重要的差别。在西方的人力资源观念中，人被当作人力资源去利用、去处理，这种观念本身就是错误的。这种观念把人看成和物一样，严重违反了人性。

人和动物是不同的，其中最大的不同之一，就在于万物之中人的自主性、创造性最高，人性需要受到尊重。如果把人当作一种资源，他就没有自主性，没有尊严，也就表示看不起人，这实在是一种大不敬。

"敬"就是让对方感觉到他受到了尊重，而人力资源则无法显示对人性的尊重。我不主张公司设人力资源管理部门，相反，应改为组织人员发展部门。因为组织是由人员组成的，不是由物料组成的，人员有潜力，都需要发展，我们一起来共求发展，而且要和组织的成长同步，大家就会都有面子，这是非常人性化的。有些公司已经将"人力资源管理"改为"组织人员发展"，这是值得高兴的。

人是不喜欢被人管的。我们一开口就说"你凭什么管我"，"不要你管"，或"你管那么多干什么"，我们都是这种态度。我没有听到过一个人会说："赶快来管我！"人天生对被管是非常抗拒的。有些国家的人讲权利、义务，你该管我，我该让你管，就要照这样做，没有什么抗拒的态度。中国人是如果你少管我，我可能还多做一点；你越想管我，我就越偷懒，最后把你气死。我觉得有些人最高明的地方就是不说话，却会想办法把你气死。

中国人最要紧的就是面子。现在很多做学问的人都会说

“面子不重要”，那是他们不了解人性。一个人活得连面子都没有，那活着是为了什么？人与动物的最大不同，就是人有面子，动物没有面子。

一个爱面子的人很好管，一个不爱面子的人，你是拿他一点办法都没有的。如果一个人连面子都不要了，你就无从管理了。人可以“理”，就是因为他爱面子。我们要利用人类的弱点——爱面子，你应该多捧捧他，安慰安慰他，多听他的意见。我发现多听人家的意见，是非常管用的。你最后不一定听他的，但是你给他讲话的机会，他就很高兴。

台湾地区有一家纺织公司，想到菲律宾去投资。有一次正好我在场，该公司的董事长居然问一个扫地的工人，说：“老王，我们公司想去菲律宾投资，你觉得怎么样？”老王就回答说没有意见。扫地的工人走了以后，我就问董事长：“你干吗问他？”他说我明知道他没有意见，但我还要问他，这样他就会感到很有面子了，然后他出去就可以对别人吹牛了，以后扫地就会扫得更干净。这位董事长就是一位非常懂得人性的管理者。

中国人问你问题的时候，他大多不会听从你的意见。他只是争取你的支持，争取你的同情，让你觉得有面子，如此而已。西方人问你意见，就是想听你的意见。我们很多行为和西方人是不一样的，千万不要把西方人的行为硬套在中国人身上。曾经有一些中国企业盲目学习西方，讲求人力资源，把人归由人力资源管理部门管理，没有掌握到中国人的内心世界，这是比较麻烦的事情。

管理要有效，一定要配合人性的需求，顺人性而为。西方的人性论，喜欢从看得见的部分入手，譬如性向测试、智力测试、人格特质等来加以评鉴。我不相信那样做对中国人是有用的，因为在做实验、做测验的时候，我们的心态和西方人完全不一样。西方人是别人问什么，他是什么就答什么，中国人不会。中国人是别人问什么，他先想怎么样答分数会高一点，就怎么样答，跟他自己真实情况一点关系都没有。因此测验出来的结果一般不会十分准确。所以，尽管调查问卷是一种很好的方式，但对中国人来说没有太大用处。

如果你问西方人："大家对我们提供的午餐满不满意？"他们是很客观的，满意就说满意，不满意就说不满意。中国人不会这样做，中国人会想：如果说满意，那明天的午餐就可能更差了；统统说不满意，明天的午餐才会改善。如果问收费是不是太高，中国人一定会回答说太高，没有人会说太低。有些人是比较冷静、客观的，他有什么就答什么，希望这个信息有一个公正的结果。有些人是考虑有利性大于公正性，而对自己有利才是最要紧的。我们要小心这一点。

那么，一个人的性向可以用调查问卷来测试吗？不可以。那样人岂不是变成了机械？人是有机物，不是机械。机械是弹性很小、没有变动的，人是情绪变动非常激烈的。西方早期的“X 理论”认定员工都是为了金钱、面包而工作。没有钱给员工，他就不工作，就是我们常听到的：“No money, no work. No work, no money.”其实人真的这么简单吗？我想不是的。但是这种“X 理论”在西方管理界曾经盛行了很长时期。

二、“X 理论”的假定

美国管理学者麦格雷戈在他所著《企业的人性面》中，提出“X 理论”的四种假定：

第一，人的天性都是好逸恶劳，不喜欢工作；只要可能，都会逃避工作。

第二，人几乎没有志向，喜欢逃避责任，宁愿接受他人的指挥。

第三，人都希望获得安全的保障。

第四，为促使人员达成组织目标，必须运用强制、控制和惩罚的手段。

以上四种假定，综合起来，好像人只是一个“稻草人”，因此许多管理者都把下属看成这样的人。

难道人是天生不喜欢工作吗？我看不是的。有的人如果没有工作，他反而闲不住。这件事情做完以后，他休息两天就坐不住了，又来找事情做。他是为钱工作吗？不一定。现在社会上有越来越多的义务工或志愿者，他们是不要钱的。人刚开始是为钱而工作，我不否认这一点。但在一定阶段以后，就几乎不是为钱而工作了，这不是唱高调。

你愿意接受别人的指挥吗？好像也不对。人没有钱的时候是很听话的，有钱以后就开始有自己的主张，这才是事实。

为了使人员能够达成团队的目标，一定要用强制、控制和惩罚的手段吗？也不一定。以前的管理就是威胁利诱：“你好好干，我给你加薪水”，这就是利诱；“你只要不好好干，就叫你离职走人”，这就是威胁。其实这套做法对中国人而言没有太大用，为什么？道理很简单，因为中国人的人性不是这样的。中国人天不怕地不怕，就怕别人看得起他。一旦你看不起我，我的日子是最好过了，反正你看不起我，我就混日子给你看。可是一旦你看得起我，我就糟糕了，多少要做一点，即使不能做也要想办法去做好，要不然面子上过不去，这和西方人是不一样的。

三、霍桑研究的启示

在“X 理论”被正式提出之前，美国其他的教授也在做相关的研究。其中哈佛大学教授梅奥和罗特利斯伯格等人，于 20 世纪二三十年代，分别在美国西方电子公司的霍桑工厂进行有关工人士气及情绪的研究。

霍桑研究的结论是：工人不会因为收入增加而增加生产量，也不会由于采光、休息期的长短、每日工作时数、工作方法、工资多寡而影响生产量。影响生产量的主要因素，在于工人对他的工作、同伴、上司以及整个公司的情绪或感觉。

如果从这方面去了解，我们慢慢就知道，情绪对人的作用很大。他觉得很愉快，就什么都满意了；他觉得不愉快，即使再好的工作条件，他也会觉得不满意。任何一件事情，我们可以从好的角度来看，也可以从坏的角度来看。当你的老板问你："你这件衣服怎么穿了那么久啊？"在衣服还没有换的时候，我们一般会有两种想法：一种想法是他在羞辱我，当众给我难堪，认为我没有钱买衣服；另一种想法是老板关心我，他看我好几天没有换衣服了，他想知道原因，说不定想帮我一些忙。这"一阴一阳之谓道"，随时可以得到印证。

我们对任何一个行为，都有两种不同的评价；对任何一个环境，都有好坏不同的感觉。因为人自己是主体。所以我一再讲生产力，其实就是"我愿意"。"我愿意"，生产力就高；"我不愿意"，生产力就低。中国人的"愿意""不愿意"是最厉害的。我不是不会做，我是不敢做；我不是不会做，也不是不敢做，我是不愿意做，你就拿我没办法。所以我们以前总认为，工作条件、工作环境以及薪资是非常重要的，实际上不一定。

员工的心理，才是决定工作成败的主要因素。这正好验证了《三国志》中的四个字——"攻心为上"，这是管理有成效的关键。中国人都懂得“攻心为上”，所以我们对“领导”的定义和西方不一样。我们领导就是抓心，把员工的心抓住了，他整个人都会交给你。“X 理论”严重地伤害了员工的心，所以管理效果不佳。如果你的脑海里面存有“X 理论”，你是带不好员工的。

四、“Y 理论”有新假定

麦格雷戈认为“X 理论”的假定必然引起员工的不满，于是提出与之完全相反的“Y 理论”，试图用“Y 理论”来解决“X 理论”遭遇的困境。“Y 理论”有四个新的假定：

第一，工作是人的一种自然倾向，在适当情况下，人不但乐于承担责任，并且会追求责任；

第二，人对组织目标若是有了承诺，自然能够自我控制，使自己朝向组织目标而努力；

第三，管理者不需要强迫员工，安排良好的工作环境，运用适当的方法，就能使员工在组织目标中获得自我的满足；

第四，人有创造的潜力，可惜大多数人只发挥了一小部分。

“Y 理论”恰好和“X 理论”形成对比，好像又把人性想象得太完美了。它们都是不切实际的。

五、管理人性化的趋势

管理人性化，或者人性化管理，就是顺应人性的需求去管。最主要的目标，就是使人员乐于工作，安于生活。

其实管理人性化的主张，早在 20 世纪 20 年代就有人倡导，却一直拖延到 20 世纪 50 年代才稍有进展，并慢慢地为大家所了解。但中国古人早就知道了这一套道理。我们的管理人性化，就是要把人员的“向上心”激发出来，满足人员的自尊心，让人员在情绪稳定的环境下，心怀实现目标的希望。

中国人有一个非常重要的心理，就是永远不认输。因此我们要好好地利用这种不认输的心理，引导员工把工作做好。中国人最不接受的就是威胁利诱。孟子曰：“富贵不能淫，贫贱不能移，威武不能屈，此之谓大丈夫。”我们常常讲，你对我客气一点，我还听你的；你对我凶，我就是不听你的。中国人最怕被人家说“人为财死”，你给我一点钱就想把我买了，我有那么笨吗？中国人的很多想法，和威胁利诱是刚好相反的。

怎么样才能让中国人很高兴地做事情呢？千万记住以下三条：

第一条，他只能卖力，绝不卖命。卖力可以，卖命不干；流汗可以，流血不行。

第二条更妙，做事不坐牢。做事可以，坐牢不行。凡是违法的事情，你让他去做，他多半不会去做。

第三条，人性化管理的重点，在“理”他而不要“管”他。中国人不喜欢你管他，所以你要理他，不要管他。“管理”有两个字，对中国人只能理，不能管。你管他，他很生气；你不理他，他更生气。因此你只“理”不“管”就好了。

管理的对象是人，对人只能多“理”，而且还要少“管”。把人当作人看，尊重其个性，发挥其理性，使人员在身心健康的快乐中产生最高的工作效益。

六、人性管理三大特性

人性管理已经成为现代管理的主流，应用得相当广泛。21 世纪，中国式管理会变成世界性管理观的主流，就是因为我们的文化传播得越来越广，越来越得到重视。管理的对象，虽然包含人、事、时、地、物，但是人是主体，是一切管理的基础，不应该被列入管理的对象。

人性管理的特性，可以归纳为下述三点：

第一，了解人性，顺着人性的需求，施以适当的诱因刺激，可以引发适当的行为。

对中国人来讲，金钱不是最好的诱因。对西方人来讲，也许金钱的作用更大。中国人往往是：你给我钱，我不拿白不拿，但是想让我多付出，我还是不干的。你不要以为你给他钱，他就会做，不见得。中国人最有效的诱因，其实是一件很容易做到的事情，那就是看得起他。我常常这样讲，你只要看得起他，给足了面子，他完全没有抵抗力，随便你摆布。请记住这一点。

所以对中国人来讲，“高帽子”政策非常管用。完全可以见人送一顶，反正不花钱。有一个人死了以后，到阎王爷面前接受审判，阎王爷把惊堂木一拍，说："你这个家伙一生都在拍马屁，见谁都送高帽子，真是可恶至极。"那个人说："没有这回事，如果他们都像阎王爷您这么有尊严，我会送他高帽子吗？"阎王爷一听，说："免你死罪。"阎王爷又拿高帽子给自己戴上去了。他再怎么骂人家，最后人家给他一戴高帽子，他就晕头转向了。

第二，人的才能有个体的差异，所以需要分工。然而互助又是人的本性，站在互助的大前提下，再来分工，合乎"站在合的立场来分，不可站在分的立场来合"的基本精神。

人的才能是有差异的，我们找不到一个完人。如果看到孔子，你会觉得孔子其实长得不怎么好看。我们想来想去，觉得自己样样比不过孔子，但最起码没有他这么难看，这样我们心里也很舒服啊！

中国人讲的福、禄、寿，一个人大概不会三全的。随便你选，最多能选两种，你说我三种都要，那就一样都没有。你看很有福气的人赚了很多钱，他往往不长命。有一个人一直祈祷，老天爷啊，我下辈子再做人的时候，你无论如何要给我找一个又有钱又爱护我的家庭，让我从小受到很好的照顾，然后学校老师很认真地教我，让我很有学问，将来也很有出息，然后再讨一个好老婆，生一个孝顺的儿子。老天爷听了半天说，天下有这么好的地方吗？如果有的话，我早就去投胎了，还轮得到你？世界上有这种奇怪想法的人很多，但这是根本不可能的。

我们千万记住，天底下没有十全十美的东西。所以老实讲，我们真的要好好去想一想，中国人这个“差不多”哲学，是天底下最了不起的，可惜几乎被折腾光了。

每一个人总有自己的瑕疵，避免不了。任何产品都有小的缺点，只要在可以接受的范围之内就可以了。人需要分工，就是因为各有不同的才能。但是分工是分工，互助也很重要。我们也喜欢互助，不然为什么中国人分工之后，还要怪别人“你为什么不帮我的忙”。像有些人做事情，一旦做不好，就说是因为别人不帮忙。所以有些人的分工，一定要有帮忙的成分在里面。

西方人对工作的分工很明确，因此他们的职责表是一、二、三、四、五、六、七，写完就完了，没有其他东西。中国人的工作分工往往不太明确，职责表是一、二、三、四、五、六、七写完了，再加一条“其他”，“其他”就是互助的意思。

你的“其他”与我的“其他”，两个要合起来，要不然工作怎么做得好呢？你也不做“其他”，我也不做“其他”，当中就有“三不管”了，很多事情也就没有人做了。

西方人的分工分得很精密，他们能很密切地配合，没有空隙。中国人只要一分工，马上就有空隙，都是靠“其他”来弥补。所以中国人把自己的工作做完还不够，还要去照顾其他人，这样才是好员工。我们部门与部门之间，经常会互相支援，不会仅停留在各司其职的程度。分工是形式上的，是表面的，实际上大家要共同努力，把事情做好，否则两边都会挨骂。

第三，以“目标管理”为基础，实施分层负责，开放员工参与的机会，加强意见沟通，改善工作环境，给予合理保障。

我们有目标，有分工，但是要加上一个“扯来扯去”。中国人最会“扯来扯去”，这就是互助。

我们会发现，当你做不好事情时，首先就会怪别人：“他都不帮忙，想看我的好戏，尽让我出洋相。”你总觉得别人不怀好心，所以你的工作才做不好，这还是有一定道理的。这些理论在西方社会不成立。西方人会认为“不是我的事就不是我的事”。中国人不能说什么事情不是你的，只要工作做不好，大家都有责任。所以我们许多人觉得历史上的“连坐法”很残忍，一个人有罪全家会被杀。这是因为在连累家人的情况之下，我们会有更多戒心。历史上很多人之所以不会做什么违法的事，就是怕连累父母和家人。

为什么会有这种想法？你要好好地去想。中国人只有在群体里面，才有约束力。单一的人，他是天不怕地不怕的，做就做了，有什么了不起？

第2章

M 理论，以中庸见人性

一、人性问题源远流长

在人类的思想史上，无论古今中外，实际上大家都非常关注人性问题。我们的古圣先贤，在这方面有很多不同的主张。中国自先秦开始，就有许多关于人性的主张，其中荀子主张“性恶论”，和“X 理论”比较接近；孟子主张“性善论”，就和“Y 理论”相当接近。

孔子既不主张性善，也不主张性恶。性善、性恶都是孔子的学生说的，孔子自己没有说。孟子讲性善，荀子讲性恶。我们到孔庙去看，同样是孔子的学生，荀子因讲性恶被赶了出去，孔庙里面没有他的牌位；可是孟子因为讲性善，他的牌位就被立在孔子的旁边。我们不妨从这个角度去想，因为孟子讲性善，是给大家一个鼓励；荀子讲性恶，那是让大家心灰意冷。所以中国人会主张让人多说好话，少说坏话。

孔子主张的是“人性可塑”，人性可以随着后天的环境来加以塑造。你把一个人带往性善，你就功德无量；你把一个人带往性恶，你就良心不安。别人跟随你，他迟早会学你的一言一行的，徒弟越来越像师傅，下属越来越像领导，就是这个道理。

我在英国的时候，发现英国的很多中国老板都是从台湾地区大同公司出去的。大同公司当年为了开拓英国市场，派了很多员工出去，这些人出去以后自立门户，自己在英国开公司当老板了。我和他们一起吃饭的时候，他们讲了一些十分有趣的事情，大家可以作参考。他们说自己并不是喜欢当老板，很多人都认为中国人喜欢当老板，其实不见得，他们说如果有好的老板，干吗自己出来受苦当老板呢？就是因为对自己的老板很不满意，才出来自己当老板的。但当了老板以后，他们才发现自己越来越像原来的那个老板。我告诉他们，其实这是立场问题，不是好坏问题。没有当老板以前，他们体会不到老板非这样不可的苦衷，总觉得不必要这样；可是当了老板以后，他们才知道老板那样做是理所当然的选择。

这一段故事其实可以让我们有所反省，“不在其位，不谋其事”，你没有当老板，就无法去了解老板。人为什么常常要将心比心？就是因为我们的环境、立场不同，看法就不同，做法也不同，而不是谁对谁错、性善性恶的问题。

除了荀子的“性恶论”、孟子的“性善论”，其他还有老庄的“自然人性论”、世硕的“人性有善有恶论”，以及告子的“性无善恶论”等等。

二、《中庸》的天人合一论

《中庸》提出来的天人合一，对中国人来讲是非常重要的。西方人都不会接受天人合一的观点，他们觉得中国人很可笑，天那么高，人这么矮，怎么合一？西方人所有的事情都是在外面完成的，当然不可能合一，中国人所有的事情都在内心完成的，怎么不能合一呢？你看中国人常讲“天理良心”，“天理”就代表天，“良心”就代表人，一切凭“天理良心”，天人就合一了。

天人合一不是在外面完成，是在我们的心中。当“道心”和“人心”合一的时候，天人就合一了；当“道心”和“人心”发生矛盾冲突的时候，就叫作“天人交战”。我们经常在“天人交战”，如果到最后能够天人合一，我们就心安理得了；如果某一天，你的“人心”战胜你的“道心”，那就是自私自利，就是只顾自己不顾别人，中国人骂这种人“不得好死”。“不得好死”就是不能天人合一。有很多话我们听起来很耳熟，只是不了解它们是什么来历背景。天如果在外面，你一辈子都合不了一，天代表一个“理”而已，人就是一个“心”而已，你凭良心，就天人合一，太容易了。

我们的人性从哪里来？《中庸》讲得最清楚。《中庸》开宗明义，指出“天命之谓性”。人性来自天命，老天爷所规定的，就是人的本性。

天底下只有人可以改造一切，但我们要特别小心，特别慎重，否则人类就不是万物之灵，而是“万物之贼”。我们现在就是在做“万物之贼”，天下万物本来很有秩序，被我们人类搞得一塌糊涂，每一种动物都有它的本性，被我们扰得乱七八糟。人是环境最大的破坏者，我们要反省。古人是宇宙万物中被赞美的一类，叫“天地之间，人为万物之灵”。现在人类让宇宙越来越不谅解，是所有动植物共同提防和害怕的对象。以前打猎，只打一部分，现在是整体射杀，许多物种因此灭绝；我们以前捕鱼，就捉一些，现在却是“竭泽而渔”，甚至连鱼苗都吃。真是可怕啊！

“率性之谓道”，我们按照老天爷给人的本性去行动，便是人生的大道。顺应人的本性去走，可以走出一条大道，叫作“人道”。现在有人走旁门左道，走邪道了，那人还像人吗？

“修道之谓教”，教导人遵循人生的大道去修身行善，便是教育。教育就是教我们要走上正道，教我们好好地做人，好好地做事，把道理实践出来。

但现在许多事情不是这样。你看现在许多当老师的不敢训学生，那你当什么老师呢？做父母的不敢训孩子，那你当什么父母？不要乱打孩子，这谁都知道，但是如果连训都不能训，那怎么教育他们呢？老师不敢管学生，还算老师吗？父母不敢管子女，那要这样的父母干什么呢？以上这些都是我们目前所面临的问题。许多人就是为了两个很空泛的字：自由。结果整个宇宙完全乱了套。

人只享有有限的自由、合理的自由，而不是漫无节制的自由。下面这句话更重要，“爱他就是给他限制”，我们不要搞错了。你看一男一女在一起，男人的眼睛到处去看，如果女人没有一点表情，就表示她可能不爱这个男人了，你爱看谁就看谁，反正我不爱你。如果女人去问："你眼睛看谁呢？你怎么乱看呢？"这表示她爱他。你爱他，你就要限制他，这样才叫爱。现在许多人却是爱到不能骂，爱到不能打，那就不叫爱了。你会给人限制，就表示你关怀他，你对他有爱心。你说"你爱怎么样就怎么样"，那就是随他便，就表示"他怎么样跟我没有关系"，你根本不爱他才会这样。爱就是"限"，他不听"限"，你就会生气，爱到不生气，那就是虚假的爱。所以，我们讲"不管"不是真的不管，而是管得合理。

中庸是什么？就是一切合理，即中庸之道。管理就是管得合理，爱就是爱到合理、限制到合理。什么都限制，没有用；什么都不限制，等于不关心他。

我们总讲小孩子天生是可爱的，这句话我不相信；很多人说小孩就是天使，我也不相信。小孩是天生的破坏者，你只要两个小时不去管他，他会把家里搞得一塌糊涂，那才叫小孩。如果你两个小时不管他，他把家里整理得干干净净的，那是妖怪。你给小孩穿鞋子，很奇怪，他总是左脚穿右脚的鞋子，右脚穿左脚的鞋子，这种概率有50%，但他就是这样，你有什么办法？所以孩子才需要教。

如果孩子天生什么都会，父母根本不用教育他们了。为什么我们说教育很重要？就是因为孩子是天生的破坏者。小孩子把书拿出来，他会一本一本地摔，要想让他回去整理，那就需要大人来教。小孩子想小便就会随地小便，要想让他进卫生间，就要教他懂得到那里去。现在很多人不敢管孩子，不敢限制孩子，认为这才是时髦，才是潮流，其实这种观念太错误了，完全是不懂教育。这种做法并没有搞清楚小孩子的本性，只是认为新的观念就是对的，那就全完了。

管得合理，即人性化管理。那什么叫“合理”？“合理”用四个字来讲更清楚，叫“恰到好处”，这是很难把握的，是有难度的。

三、“中庸”表示恰到好处

“中庸”的意思，我们长久以来被“不偏之谓中，不易之谓庸”弄糊涂了。长期以来，许多人误认为一个人应不偏于任何一方，其实这就是骑墙派，就是不改变的死硬派。

两个人吵架，甲来你家说乙的不对，你说“对对，是乙不对”，甲十分高兴地走了。乙又来说甲的不对，你又说是甲不对，乙也很高兴地走了。太太在旁边听了就说："你这个人真奇怪，甲来你说甲对，乙来你说乙对，到底谁对？"你说太太最对。这种人还有什么是非？这就是"乡愿"，就是糊涂虫，哪里叫合理呢？孔子一生最讨厌的就是这种没是没非的"乡愿"，这种谁都不敢得罪的"滥好人"。

老实讲，一个人要做好人，千万不要做"滥好人"。一个人不能顺风两边倒，否则就是完全没有立场，就是圆滑、狡诈与阴险，中国人最讨厌的就是这种人。我们往这边走合理，就往这边走；往那边走合理，就往那边走；哪里合理，就往哪里走，而不是说哪里有好处我就去哪里。

中庸是一种"恰到好处"的表现。朱子说："凡其所行，无一事之不得其中，即无一事之不合理。"无一事不合理，表示每一件事都处理得恰到好处，合乎中庸之道。天下没有一件事情不合理，这就是中庸，是高难度的。但是我再三强调，正因为它难，才值得我们用心，才值得我们把它当目标来追求。何况学会了以后，我们可以用很久。所以趁年轻学得越早，对你越有利，就是这个道理。

合理不合理，就要随人、事、时、地、物等很多因素而变动，这是非常重要的。所以"不易"的是管理法则，而不是管理措施。合法不合法是固定的，合理不合理不是固定的，而是变动的，这就是“法”与“理”不同的地方。法是死的条文，理是活的因应措施。所以中国人最推崇的四个字，就是“随机应变”。随机应变，以求此时此地最为合理的解决方法，就是“中庸之道”。

任何人都需要学习随机应变。但是我们要提醒大家，“随机应变”有一个孪生兄弟，长得一模一样，叫作“投机取巧”。怎么区分“投机取巧”和“随机应变”呢？我们中国人最方便的分法是这样的：一个人变来变去，只要他是为公家的利益着想，我们都认为他是随机应变；一个人变来变去，只要他是为自己的利益着想，是把钱放进自己的口袋里面，照顾自己一个小家庭的人，他绝对是投机取巧。所以它们一个是为公，另一个是为私，也就是“人心”与“道心”的不同而已。你依据“道心”来变，是随机应变；依据“人心”来变，就是投机取巧。

作为一个中国人，你只要记住，让你的下属，让你的员工，让每个人都做到随机应变，绝对不能投机取巧，一切事情就会很安心。

四、人性化的中道管理

中庸之道简称“中道”，中道代表中庸之道。合乎中庸之道的管理，称为中道管理，目标是追求恰到好处，以便安人。中道管理依照“老天爷赋予人的本性”来管理，最合乎人性的需要，所以是人性化的管理。

用现代眼光来看，中道管理即是“合情、合理、合法”的管理，情、理、法，以“理”居其中，一方面求合情合理，一方面求合理合法，都以合理为中心。

近年来，反对“情、理、法”的呼声此起彼落。大家似乎都很怕“情”、厌“情”，一味想提高“理”或“法”的地位，“以理制情”“以法厌情”，动不动就要把它变成“法、理、情”，好像忘记了“人而无情，何以为人”，这是非常糟糕的事情。这种片面的否定态度，实在是不了解我国先哲安排“情、理、法”的真义。事实上，情、理、法的管理，是永远不会过时的。

我们要指出“情、理、法”的重点，不在“情”而在“理”。我国哲学最为繁茂的一枝，便是宋明理学。而其根源，则来自《诗经》《易经》《大学》《中庸》《论语》《孟子》等书。可是我国先哲早已认识到宇宙确有独立存在的“理”。不过，在宋明理学家之前，老、孔、墨、孟诸子喜欢讲“道”，因为“道”是事物形成所必须走的路，其实就是一种原理。朱子说：“道字包得大，理是道字里面许多理脉。”“理”可以光用嘴巴说说，“道”却必须实地去行，先哲们不但希望我们讲理，尤其要求我们重视实践，一切按照道理去做。

既然“所重在理”，为什么不依序组合，排列为“理、情、法”或“理、法、情”呢？这就牵涉到中国人特有的“以中为吉”的次序观，我们的“中庸精神”，“情、理、法”三者“理”居其“中”，所以“理”正是我们所重视的。

我国哲学有一个根本一致的倾向，即肯定“变是宇宙中的一种根本事实”。孔子当年站在大河旁边，感叹：“岁月的消逝也就是这样吧！昼夜一息不停！”老子说：“它（道）广大无边而周流不息，周流不息而伸展遥远，伸展遥远而返回本源。”无非在解说“宇宙乃是逝逝不已的无穷历程”。《易传》更认为，唯有变化，才可以不穷而久。在这一切都在变化的过程当中，中国人深深体会到“物极必反”的道理，因而产生“以中为吉”的原则。一直到现在，拍摄团体照的时候，我们习惯上都会把中间的位置让给职位较高、年龄较长的长辈，便是明证。

我们从实际生活来观察，也不难发现中国人在“情、理、法”之中，最重视“理”。我们只有说“读书要明理”，而没有说过“读书要讲情”。俗语说：“有理走遍天下，无理寸步难行。”任何公司检讨得失的时候，大概都侧重在评“理”，却绝少有人公开求“情”。

“理”是“脸”，“情”是“面子”，中国人“爱面子”更“要脸”，我们骂他人“不要脸”，乃是十分严重的指控，“不要脸”就是“不讲理”，谁都讨厌！

但是，“理”不易明。宋朝张载说：“天理者，时义而已。”“时义”即是合时宜，天理不是固定不变的，却是可以随时因应的。中国人十分讲究变通，便是“用变以求通”。儒家重视经权，淳于髡向孟子提出一个难题：男女授受不亲，是当时社会应该共同遵守的道理，一旦遭遇特殊的情境，如嫂子溺水，那该怎么办？孟子告诉他要本于仁爱（恻隐）之心，立刻予以援救。平时“授受不亲”合理，特殊情况时“援之以手”也合理。

太多的例证，使得中国人满脑子都是“话都是你讲的”，因为“公说公有理，婆说婆有理”，个个都有理，而各人所说的理并不相同，可见理是由人编造出来的。这样的讲理往往流于“有理则有气”，“气充则理正”，形成“强者有理”。中国人很讨厌“强权即是公理”，因此演变为“官大的有理”。

公司里的职员如果犯了过错，你告诉他：“某事做得不对！”他大概不会直接去关心那事是否有误，却比较关切“是谁说的”，只要告诉他“董事长说的”，他俯首认错的概率相当大。这便是“强者有理”的具体表现。

理是相对的，有上则有下，有此则有彼。西方人因此用法来讲理，一切依据法律来判断，谁合法便是有理。由于法律的条文有时比较固定死板，所以讲起理来，也较为简单方便。

我国先哲，并不是不重法。有些人指称儒家不重法，只有法家才重法，这绝非事实。重视礼法乃是儒家孔子最重要的主张之一。中国宪政理论的先驱萧公权先生认为孔子政治思想的起点，乃是“从周”。“从周”就是“遵照周朝的典章制度”，其实行的具体主张为“正名”，便是“按照盛周的制度，调整君臣上下的权利与义务”。孔子所说的“吾学周礼”，不限于冠婚丧祭，或仪文节式，他所说的“礼”，包括社会全部的制度。他主张“克己复礼”，常常劝人“非礼勿视，非礼勿听，非礼勿言，非礼勿动”，当然十分重视法制规范。

“法”在企业管理上谓之“制度化”，非常必要，却层次不高。我们今天过分强调制度化，很容易让人产生制度化便是良好管理的误解。典章制度是一种普遍形式，我们制定这些典章制度的时候，不可能照顾所有特殊情境中的应用，何况个人时常出现新的实现方式，而无法事先预知。儒家主张，人一旦面临特殊处境，就不必拘泥于礼的形式，却应该本着人道以提高规范的适应效率。人是典章制度的主人，不是典章制度的奴隶。法是人制定的，必须依理改变，才能因时制宜。我们常见某些主管，口口声声制度化，自己却经常破坏制度还振振有词，便可以看出这些理念的影响，既有力又深远。

荀子说："以义变应，知当曲直故也。"他认为，人应该以义变通应事，随时视情况的不同，变化其应付方法，以适其宜。人在特殊环境中，有时可以违反明显而确切的规律去做决定，他这样做，并不表示对规律的全盘否定，而是依顺了另一层规律（理）之后，才放弃或违反了原先的规律（法）。

用法来讲理，固然简单明了，实际上却无法应付"两可"或"例外"事件，难免因坚持"法"而变成"不讲理"。朱子说："羞恶之心本是善，才过便至于残忍。"现在有些正义之士，目睹社会上违法犯罪的人很多，因而产生羞恶之感，极力主张不择手段地运用重法以求消除恶人和暴行，结果流于残忍而不自知。用法来讲理，动机是好的，结果却造成许多无理的行为。

于是，我国先哲把“依法讲理”安排在第二层次，而把“由情入理”提升为第一层次。“由情入理”叫作“敬酒”，“依法讲理”便是“罚酒”。中国人“敬酒不吃吃罚酒”，即是“好好同你讲理的时候，你最好讲理，否则动起法来，也不怕你不讲理”，目的依然是“讲理”。

由此说明，中国人把“法”摆在肚子里面，心中有数，我不违法，但是我不会讲。因为你只要和中国人谈法就会伤感情。在机场、海关等很多地方，你都可以听到，当执法人员告诉一个人说不可以这样的时候，他就会问：“为什么不可以？”只要执法人员回答说：“这是我们的规定！”他马上说：“你少用规定来吓唬我。”中国人最不服的就是规定，就是法令。所以嘴巴都讲的是情，“没有关系”，“不会怎么样的”，脑子里却在想到时候应依法办理。中国人嘴上很宽松，但是执行时却很严格。

我们说有的人嘴里讲依法办理的时候，心里是在想合理解决。依法办理其实是一件高度困难的事情，因为有些人专门做那些法律规定之外的事情，只要法有规定，他就不做。所以我们把有些人抓来，经常找不到法律的依据，不知道根据哪一条去惩办他。这种时候是力争合理解决，但是嘴里一定要讲“依法办理”。

中道管理要顺乎天命，应乎人性，是一种“顺天应人”的“天人合一”管理。法是不得已，中国人先由情入理，先“敬酒”，情理行不通的时候，翻了脸，再“吃罚酒”，才依法办理。到了依法办理的时候，所有的情都摆在一边。所以我们常讲什么“法律外人情”，那就是“卖人情”了。当法一出现，是没有情的存在的，这才是懂得情、理、法的人。我先给你面子，你要不要听？我给你面子你就听，很好，我给你面子；你不听，再给你面子，你还不听，翻脸，就没有什么人情了，依法办理，我才不管你那么多。

中道管理代表中国人“由情入理”的人情味管理。懂得情、理、法的人，才是真正懂得管理的人，否则我们于法与人情就会经常纠缠不清。外国人批评我们不守法，是很不合理的事情。

“理”有背有面，顺之则是，背之则非。管理者“讲理”，最好顺着下述的理，以求其“是”。

（一）建立共识

凡是“要脸”（讲理）的同仁，我们务必给他“面子”（表现出“看得起”“珍惜”“关怀”的“中节之情”）。对于“不要脸”（不讲理）的人，我们一定不给他面子（表现出“看不起”的冷漠）。

（二）循序渐进

“情、理、法”的顺序，固然是“所重在理”，但是“理只是情之中节”，所以实施管理，最好先动之以情，用“关爱员工”的理念来感应，使员工发出无过无不及的情而自然合理。管理者当然应该“坚持原则”（理），不过在此之前，也应该“广结善缘”（情）。以“广结善缘”来“坚持原则”，员工必然口服心服。平日广结善缘，员工充满信心，了解管理者是讲理的，一旦坚持原则，员工在情绪上不至于产生不信任的反感，当然更有利于讲理。

（三）自己守法

遇着不讲理的员工，一定不能轻易放过他，否则就是自己破坏了法纪。管理先动之以情，再晓之以理，如果仍然不能产生正面的效果，势必绳之以法，让他知道不讲理的后果，而且没有规避或逃脱的可能性。管理者往往找出许多理由，甚至把它归咎于“情”，其实是自己不守法，未能切实维护法制的威势，一旦执法不严，无力感就跟着来了。

“情、理、法”的安排，是要实际讲理的。管理者讲理，依照“以情为先”，“所重在理”，“情理讲不通，必然绳之以法”的道理，应该没有行不通的。

五、“M 理论”即中道管理

既然中国式管理即为“中道管理”，我们不妨用“M 理论”来代表中国人的管理之道。M 是“人”（man）、“中庸”（medium）与“管理”（management）三个单词的首字母。人性化管理重人，它是以人为中心，一切追求合乎中庸之道。这样的管理，当然是以“M 理论”为主要依据。

尤其从 M 的字形看来，它四平八稳、左右均衡，更是十分切合“中”的特性。仔细观察，我们会发现中国人有三个基本要求：第一，对称；第二，均衡；第三，动态。中国的古代建筑都有条中线，左右对称，两边均衡，然后维持动态，不能静，一静下来就是死路一条。很可惜现在很多建筑设计师都没有注意这些东西，设计的建筑既没有中心线，两边也不均衡，左右也不对称，整个风水都被破坏掉了。我必须说明，风水要科学，不能迷信，如果搞迷信，那人类是完全没有前途了。M的字形很符合我们中国人的三大基本要求，显得四平八稳。

M的平稳均衡，象征中国人很喜欢的“不倒翁精神”，可以立于不败之地。中国人很喜欢一个玩具，即不倒翁。我们小时候都玩过，就是一个圆圆的东西，你压它，它不会抵抗，但是你一放手，它又弹回来，你往左边压，它就往左边倒，你往右边压，它就往右边倒，你一松手，它又站起来了，这就是标准的中国人精神。人在屋檐下，不得不低头，中国人不太抗拒的，你压我，我就听你的，看起来很顺从，实际上只要你一松手，我就起来了。

“M理论”不像“X理论”和“Y理论”那样各偏一方，不会把人性看得那么坏，也不会把人性看得那么好，正好是不偏的执中理论。我们知道人是可以塑造的，而塑造的黄金时间段是三岁到六岁。三岁看大，六岁看老，七岁以后无能为力。我们要懂得用合适的方法来塑造合理的人性，这才叫人性管理。

在20岁以前，几乎每个人都差不多，差别很有限，但在20岁以后，有的人进步很快，有的人进步很慢，所有的变化几乎都是在20岁以后产生的。而多数情况下，20岁就是一个人进入工作职场的年龄，他会在工作中成长，会以他的领导作为模仿对象。所以领导者对于员工而言，其实只有两个责任：一个就是教育他，要求他，让他不断成长；另一个就是给他机会，让他好好表现。这才是人性化的管理。

一个人碰到好老板，他会成长很快；碰到不好的老板，他就会很倒霉，即使本来很有能力的，也会越来越萎缩。员工会不会成长，就看他有没有一个好的领导。所以，一个好的领导的最大责任，就是让你的员工都能够很顺利地成长，这是最大的功德了。你让他赚到钱，其实是在害他。因为一个人成功太早了，他的后半辈子是非常辛苦的。

我有两句话供大家作参考：第一句，与其早成功，不如晚成功；第二句，与其晚失败，不如早失败。

年纪轻轻怕什么失败？失败了爬起来再来。所以我们现在许多人的观念很有问题，总认为不到30岁就当总裁，那是一件了不起的事情。其实我每次看到人家的名片，很年轻就当总裁，我真替他担心，他下半辈子怎么过呢？我不知道。当然他可以撑，但是要撑那么久，很辛苦，如果50岁才当总裁的话，他撑个十几年，那还是可以的。你20多岁就当总裁，要撑三四十年，那是很累的。因此，与其早成功，真的不如晚成功。一个人最可爱、最可贵的感受，是在不断成长的过程中体验到的，这也叫中道。

许多人很可怜，很迷惑，由于并不了解自己，也不检验到底适不适用，就把西方那套东西很盲目地引进来，然后一头钻进去，好像就是天经地义了，其实没有那回事。大家知道，一个美国人到了下午五点钟，他心安理得地下班；一个日本人到了下午五点钟，他心安理得地不下班，日本人从来没有准时下班过；一个中国人到了下午五点钟，他就不知道怎么做才好，准时下班挨骂，不准时下班也挨骂，这是标准的中国人。因此美国人、日本人和中国人，其实是各有各的道。所谓“道不同，不相为谋”就是这个道理。

“M理论”应该是合乎中道的人性化管理准则。我们还是要走上中国人自己的大道，这就是我们为什么要讲“M理论”的原因。我们中国人顺着这条大道去走，就会很愉快、很幸福。

六、“M 理论”的三要点

世界上有没有放之四海而皆准的管理模式？没有。因为每个国家不一样，每个公司不一样，每个地区不一样，管理模式自然不同。但是如果运用“M 理论”，你会发现在全世界都可以用。把这套“M 理论”拿到全世界去用，我保证都可以有效果。

“M 理论”可以归纳为以下三个要点：

第一，人性可塑，员工是可能改变的。只要用心塑造，员工可以变得十分理想。

因此，我们不要先入为主地认定，员工是不行的。有很多人就是这样对待员工的，他们常说：“你们这些家伙，真是没用！”结果员工就真的变成“家伙”了。人与人之间，其实是一面镜子，你看他，他看你，就好像你在照镜子一样，你去照镜子的时候，你笑笑，里面那个人也对你笑笑；你很生气，里面那个人也对你很生气。

这在心理学上叫作“期待”（expectation），意思就是说你期待他好，他自然就会变好，你根本就期待他不好，他怎么会变好呢？所以从事管理的人，一定要对员工持有一种期待的态度。我们每到年底对新的一年都有一份期待，都希望来年更好。期待是非常重要的，你到任何一个地方，遇到任何一个员工，只要你期待他对你好，他慢慢地就会对你好。

管理如果合乎人性，你就要期待员工是可以改变的，不是不能改变的。人基本上是有阴有阳的，每一个人都有很好的念头，也有很坏的念头。我们有时候往好处想，会把自己想得非常好，但有时候往坏处想，会把自己想成世界上最坏的人，人性的善变就在这里。你认为员工会好好工作，他就真会慢慢地好起来；你认为他样样不行，他就真的越来越不行。有太多的管理者抱持一种看不起员工的态度，认为他们算什么？他们能做什么？这种心态要改变，因为员工会随着你的期待而调整做事态度。这就是"心想事成"的一种表现。

"相随心转"还不够，"境随心转"才厉害。现代科学已经证明"境随心转"，所有的环境都是随着你的心来改变的。所以从现在开始，你坐到餐桌前，每一道菜端上来时，如果你说好吃，它就真的很好吃；如果你说这菜怎么这么难吃，它就真的很难吃。所以一个做馒头的人，如果他很健康，常常笑容满面的，你吃他的馒头就会觉得很甜，你也会跟着健康起来；

如果这个人整天愁眉苦脸的，他做的馒头就不会太好吃，你要少吃这种馒头。这不是迷信，是很科学的东西。

我们对客户要有一份期待。一个客户进来，我们认为生意做得成，它就真的做得成；如果认为今天谈判不会有结果，它经常就没有结果。我们对员工有一份好的期待，知道他是可以改变的，只要我们好好地待他，他就会有好的表现，这才是用之四海而皆准的管理。

员工到底是否理想，就看你怎么看待他。所以管理的第一招，就是要看得起你的员工。你看不起他，就很难善待他。因此你要看得起他，尊重他，多听他的意见，一切好好地商量，这是最好的人性管理。

第二，员工如果关心工作，就会自动随机应变，以便寻求此时此地的合理解决方案。

无论你怎么管员工，其实都是没有用的。因为你管得了他的人，却管不了他的心。他心里在想什么，永远不会对你讲，你也永远无法掌握。所以如果我们能让员工自己去关心工作，能让他把心思放在工作上，他就会自动随机应变，自然会做好工作了。

很可惜，大部分员工是不关心工作的。他们会认为自己总共才挣这几个钱，再怎么奋斗，也不可能成为富翁，有必要关心工作吗？所以有时候管理者对员工说：“好好干，你有前途！”员工心里都觉得很好笑，我有什么前途？一天到晚做那些重复的事情，谁都讨厌。

我们今天有的生产线，其实是非人性化的。你看以前做鞋子的人，他边做鞋子边唱歌，很开心。现在做鞋子的工人不会唱歌，他是不快乐的。为什么？因为以前的工人，他是从头到尾把一双鞋子做出来的，是有乐趣的，顾客试穿很满意，他更有成就感了。现在的制鞋工人是没有工作乐趣的。你看下面几个问答，就一目了然了：你在哪里工作？我在皮鞋厂工作。你会做皮鞋？不会。那你做什么？我专钉那个鞋后跟，而且只钉左脚，右脚从来没有看过。这种工作有什么乐趣？

皮鞋厂的工人没有一个人会做皮鞋，汽车厂的工人没有一个人会造汽车，这就是现代化带来的一种现象。当我们把工作分解得特别细的时候，工人就重复着那些很简单的动作，完全没有乐趣可言。但是我们为了生产方便，为了提高生产的效率，不得不这样做，然后使得人没有兴趣、没有能力、没有技术。所以分工是一种必要的罪恶。

我们要想方设法让一个人同时做好几项工作，而且还可以定期换一换。让员工的工作有变化，他才有乐趣，才会用心工作。

我们想办法让员工关心他的工作，必须让他安心。一个人的心安定下来，他就会专心。他心不安，就不会专心工作。凡是工作中的差错，都说明他的心思跑到别的地方去了。你看电脑打字员，如果他在工作的时候，想着中午到哪里吃饭，要到哪里排队，他打字就容易出现错误。他不关心工作，因为他自己有烦恼；他不关心工作，因为他自己有问题不能解决；他不关心工作，因为他遭遇到困难。管理者要从心理上帮员工把这些问题化解掉，员工自然就关心工作了。

第三，管理者和被管理者都是人，彼此都需要被了解和同情。

我是人，他也是人，谁都是人。管理者要把被管理者当作人，就是你要了解他，要同情他。西方人一直强调“同理心”，我们许多人一听就觉得这很有道理，然后就想把这理论变成我们的东西，我是不太赞成这点的。

有些人是你有道理，他就听你的，比较理性。有些人是你越有道理，他越不听你的，为什么？因为他没有面子，恼羞成怒。因此有些人是对也骂，错也骂。

我访问过 100 位总经理，我说你这个人很奇怪，你的下属说错了你骂他，我可以谅解，你的下属说得很对，你也骂他，这是为什么？他说你没有发现，下属越对，我越没有面子，我不骂他，我下得了台吗？所以中国人讲话，有时候讲得很对的人也会很吃亏。历史上为什么有些忠臣死得快呢？就是因为他们说的、做的，让皇帝坐卧不安，让皇帝觉得自己越来越不像皇帝了。

你去销售产品，你讲得越对，客户越不想购买你的产品。我们要小心这一点。我在大学当总务长时，专门负责采购东西，当时各种各样的商人都到学校来推销东西，我一观察就发现，凡是到大学来展示产品的，介绍得越清楚的商人，越卖不成东西。什么道理？因为大学的教授对这些产品都很内行，那些商人不介绍便罢，一介绍教授就知道全错了，这还能买吗？我发现有的业务人员真是能干，他把东西打开后，并不介绍，只是说老板特别交代，大学的教授是行家，是权威，所以今天不是展示和说明产品，而是请行家检验有什么缺点，告诉他们，他们回去改。这些教授一看，产品还可以，就买了。所以我们常常讲一句话："关公面前耍大刀——不自量力。"

我们训练业务员要小心，你碰到行家，最好少说话。你不开口，他不知道你错在哪里，你一开口，他就知道你差得很远了。“真人面前不说假话”“关公面前不耍大刀”“孔夫子面前不背四书五经”，这些都体现了中国人的修养。

我们千万要记住，道理是对方讲的，不是你讲的。你讲的道理基本上是没有人听的，他讲的道理才算数。所以管理者应少讲话，让对方讲，这样管理才会很有效。善于做领导的人，在订立公司制度规定的时候，要让员工去讲，这样的制度才算数。你自己讲了半天，可能是没有效果的。

从这三个要点来看，我们将“M 理论”推广到全世界去，几乎都是可以通用的。因为我们是站在人性的角度谈管理，就能够把最高的原理找出来，其实就三句话而已——

第一句话：你要承认他是人。

第二句话：你要把他当人看待。

第三句话：你要想办法让他自己改变，整个管理就完成了。

你不可能改变任何人，但是你可以让他自己改变。有的人一直想用高压手段去改变别人，最终都没有办法，因为威胁利诱改变不了任何人，但是如果他自己想改变，他就改变了。所以很多父亲对我讲，你看我改变了我的儿子，我说你错了，是你儿子自己改变了自己，不是你在改变他。一句话，除非你的儿子愿意改变，否则你拿他一点办法都没有。同样，除非你的下属自己愿意改变，否则你改变不了他。人只有自己愿意改变，才可以改变；如果你不愿意改变自己，谁都拿你没有办法。

人是可以改变的，具有可塑性，但是要靠自己。所以孔子告诉人们要自己反省，要自己修养，还是有道理的。求人不如求己，要求别人来管你，不如自己管好自己；要求别人来改变你，不如自己改变自己，这就是中国哲学。

上面这三个人性的要点，就是“M 理论”的主要依据，依据这三个要点来实施管理，便是人性化管理，可以管得合理而且提高效益。

我们现在对人性其实有很多成见，好像人都是自私的，好像人都不想工作，尤其对中国人的误解更多。可以归纳为以下两点：

第一，我们认为中国人很被动。其实错了，但是书上都是这样写的。

我们都喜欢主动，不喜欢被动。中国人主动起来，那是很可爱的，但被动起来，也是很讨厌的。当一个中国人与你计较的时候，他就是被动的；当一个中国人很大方的时候，他就是主动的。你看他主动要送你东西的时候，即使很贵，很难买，他也不心疼。可是当他被动的时候，就开始斤斤计较了，会锱铢必较，会说钱先到手我才动，没有钱免谈。

所以中国人对你很主动的时候，你是轻松愉快的。你可以什么事都不用做，他都给你做得好好的。但中国人很被动的时候，你就只能很无奈、很消极地等待了。我们一直被灌输“中国人被动，推一步才会动一步”的说法，这不是事实。

第二，我们认为中国人是很自私的，没有社会公德。这点我也不赞成。

人性是不能改变的，但是习惯是很容易改变的。我们经常把随地吐痰的行为当作我们的民族习性，一直认为中国人不能改掉这个习性，这是不对的。随地吐痰只是一种习惯，和民族习性有什么关系？你看现在很少有人随地吐痰了，就是改过来了。如果有一天每一处地板都清理得干干净净的，中国人就不敢乱吐东西了。

习惯是后天养成的，人性是先天带来的，两者是不一样的。如果你一直认为中国人没有社会公德，他就真的越来越没有社会公德了。新加坡 70％以上的人口是华人，他们就做到了规规矩矩，地面干干净净，中国人哪有做不到的事情？一句话，中国人是“愿不愿意做”的问题，他愿意做，什么都做得到；他不愿意做，你拿他一点办法也没有。所以我们要想办法让他很乐意去做，就不能用高压的手段，不能一天到晚去讲大道理。

第3章

仁义礼，安人立身之本

一、仁、义、礼三向度

我国管理思想以儒家为主流。儒家既“摄礼归义”，更“纳礼于仁”，构成“仁、义、礼”一贯的思想体系。孟子重仁、义，并不忘礼；荀子重礼、义，也不忘仁。儒家“仁、义、礼”的管理理念，便构成“M 理论”的三个向度。

一切管理措施，均以“安人”为衡量标准；原则确定后，视企业内外环境的变迁而持经达权，以求制宜，谓之“经权”；衡量及变通时，将心比心，称为“絜矩”。

“安人”是“仁”的表现，“经权”是“义”的方法，“絜矩”为“礼”的态度，三者密切配合，才能合乎中道。

孔子论道，大抵以仁为主，仁就是爱。员工的人性，要以关怀、关心、珍惜、真情、爱心来塑造和感化。

仁必须合义，关怀、关心、珍惜、真情、爱心都应该合理，不可以过分，以免造成溺爱、滥情的恶果。因为仁如果不合于义，则爱之很可能适足以害之，可见徒仁不足以收到理想的效果，必待有合于义，而后始能保其有益而无损。

仁是“人”与“二”的结合，就是要慈，要善，要有真情。但爱是要受到约束的，不可以过分。

西方人是赤裸裸地讲爱的，中国人很少把爱挂在口头上，我们不讲爱，都讲仁。因为往往嘴巴会讲爱的人，他的内心几乎是没有爱的，你要特别小心。

中华民族是一个很深沉的民族，讲求一个人要在心里头感谢，而不是挂在嘴巴上。中国人是不相信“我爱你”这句话的，中国人相信自己的感觉。这个人爱不爱我，我最清楚，不用你讲。

义就是合理，也就是“宜”。“M 理论”主张爱得合理，不能以情害理，只顾人情而损及义理。我们中国人不崇拜英雄豪杰，只崇拜仁人志士，这是不一样的。就是你有善心，但是你要知道如何把它表现得合理。合理不合理，最好先用礼俗、制度来加以规范。

礼就是礼俗、制度、典范，本身也要力求合理。

二、“仁”为安人之道

“仁”引申为安人之道。只有爱心的管理，人才能安。管理的一切措施，均以“安人”为衡量标准，能安才做，不能安便不要做。

仁是义和礼的基础。要求员工权宜应变，扮演合适的角色，首先要使其能安、得安。因为个体或群体的不安，都是管理失效的根本原因，所以孔子希望我们用“患不安”来测试员工所处的状态，使其由不安而安，然后由敬业而乐业。

管理的目的很单纯，就是两个字——“安人”。只要团体里面有一个人不安，这个人一定会捣乱。有人认为，一些人天生喜欢打小报告，其实我不这样认为。如果一个人能安下来，他就不喜欢打小报告，他不安的时候，就开始打小报告了。凡是在我们团体、组织里面捣乱的人，都是不安的人。人会追求自身的价值，当一个人有正经事要做，而且受到大家重视的时候，他就不需要捣蛋了，可是当他感到自身没有价值的时候，他就坐立不安，就开始作怪了。

孔子很了不起，他总问你安不安。“安”就是“安顿”，就是把人安顿好的意思。

员工能安、得安，才肯自愿地接受塑造，配合组织的要求，尽心权宜应变。我们和西方人不一样，一名新员工进来后，我们一般不会立即让新员工开始工作。我们一定会问他家庭的状况，要帮助他把生活安顿好，再带他到各个部门去转一转，让他和其他人打打交道，彼此熟悉熟悉。这样做的目的，就是让他的情绪稳定下来，让他能安下来。

管理的目的就是要安人，只要人不安，其他的其实都不太管用。使员工由不安而安，是管理者最主要的责任。因此，安人之道是管理成败的先决条件。

三、“义”为经权之道

“义”引申为经权之道。唯有合理的管理，员工才会自动应变，以求制宜。管理的一切措施，都必须因时因地而制宜，才有成效。

“仁”必须合“义”（宜），否则爱之适足以害之，徒然把员工宠坏了，增加管理的困难，更使人对“仁”失去信心。欲富贵而恶贫贱，这是人情，但孔子主张君子必须得之有道，去之亦有道，取舍的标准在“义”。员工好逸恶劳，趋利避害，也是人之常情，孔子提出“唯仁人为能爱人，能恶人”的原则，管理者要视员工表现的善恶，善者爱之，不善者恶之。对能够自动“安而行之”的成员，用爱心来关怀、珍惜；对于尚未自动自发的同仁，要用“以德报德”的奖赏来激励，使其“利而行之”；至于少数表现欠佳的人，也应该“以恶报怨”，施以适当的惩戒，使其“勉励而行之”。

管理者能够使好人好得恰到好处，恶人亦恶得恰到好处，便是合“义”的“仁”，才是合理的爱。

“经”是根本的管理原则，不可轻易改变；“权”指权宜应变，按照管理法则来应变。“持经达权”就是“持经达变”，按照“经”来从“权”应“变”。儒家重视“经权”，即是希望管理者有一颗“仁”心，而“持经达权”，以求合乎“义”。

持经达变最要紧的，是在变得合理，也就是一切权变，务须“义之与比”，依义理而应变，才能确保变而能通。因此，经权之道是管理的应变过程。

四、“礼”为絜矩之道

“絜矩”的意思，是一切作为都应该站在他人的立场来设想，将心比心，才能合理。人同此心，心同此理。大家都是人，心里的想法大致是相同的。拿尺来度量，使上下四方一切事物都能够合理，便是絜矩之道。

“礼”引申为絜矩之道。礼包含法，管子说：“法出于礼。”法是成文的礼，产生于礼之中。礼重在预防，法则侧重于应报。管理者强调法治，实在不如强调礼治。因为法治能够发挥作用的基本条件，就是子贡当年所说的“我不愿意别人对我无礼，我也不愿意对别人无礼”。法治只能循法守法，礼治才能进一步对非礼的不法行为防患于未然。子贡这一番道理，充分表现“我不愿意别人凌驾于我，我也不愿意凌驾于别人”，正好符合《大学》的“絜矩之道”。

作为组织成员，大家所喜爱的事情，他也喜爱而乐于去做；大家所厌恨的事情，他也厌恨而把它摒弃。每一个人，只有合理地将心比心，设身处地，遵循“己所不欲，勿施于人”的道理，才能够产生合理的规范、制度。

孔子的管理思想以“礼”为起点，首先倡导“管理制度化”。但是他深知“制度”的制定“不可多也，不可寡也”，多则“法令滋彰，盗贼多有”，寡则简陋而造成自由心证的流弊。“礼”必须“唯其称也”，便是合乎“时”“位”而得其“中”。不过环境变迁，制度日久僵化，必定产生许多不能适应的毛病。于是孔子发挥“不停滞”的精神，认为管理制度化只是管理必经的阶段，却不是最好的管理形态。他主张管理制度必须“义之与比”，亦即依“理”而适时修订，同时在未修订之前，要赋予适当的弹性，使管理者得以“持经达权”，因时而制宜。

孔子“摄礼归义”，表示管理制度化之后，还应该进一步合理调整，做到“制度合理化”。制度合理，大家比较乐于遵从。絜矩之道是管理必备的态度，也就是制度合理化。

“义”是“正当性”，正当与否是一回事，而组织成员接受不接受，则是更为重要的一回事。孔子说：“苟志于仁矣，无恶也。”（《论语·里仁》）人如果有“仁”心，则大公无私，便能够“明辨是非”，所以“仁”为“义”本，孔子更由义推到仁。孟子说“居仁由义”，以“仁”为“人心”，“义”为“人路”。组织成员立有“道心”，则其态度行为，必力求正当，而凡是合理的，也就由肯定而欣然接受。管理合理化之后，再进一步，即“管理人性化”。

人性化与合理化是制度化顺利有效的基础，管理者不重视人性化而追求制度化，乃是“舍本逐末”。孔子说：“克己复礼为仁。”管理者“克己”（去私）“复礼”（循理），便是彰显“仁心”。具有“仁心”的管理者，在创立、修订与执行制度时，成员才会信服。

五、“M 理论”三向度

“安人之道”“经权之道”和“絜矩之道”，构成“M 理论”的三个向度。安人是管理的先决条件，经权是管理的应变过程，絜矩则是管理的必备态度，三者缺一不可。

安人是“仁”的目标，经权是“义”的方法，絜矩则是“礼”的心态，管理要掌握这三大要件，才能收效。管理以安人为衡量标准，原则确定后，依内外环境的变迁，而持经达权，以求制宜。衡量及变通时，务须遵循“絜矩之道”，将心比心，己所不欲，勿施于人。安人、经权、絜矩三向度，运用时要合而为一。

管理者以安人为目的，持絜矩的心态，以建立合理的典章制度，作为组织成员遵循的常道。常道就是组织成员必须共同遵循的管理法则。同时灵活运用经权方法，将这些管理法则应用到管理实务上面，以收变而能通的效果。

“安人之道”“经权之道”和“絜矩之道”三向度合一，便是“M 理论”的妙用。

六、三向度要合一

安人是目标，经权为方法，而絜矩则是态度。这三个向度为什么必须合一呢？因为管理是整体性的运作，在过程中必须环环相扣，密切配合，而且互相依存，构成一个有机的完整系统，才能够顺利有效。

先说安人。怎么才能实现呢？当然需要依据将心比心的“絜矩之道”，分别站在股东、员工、顾客和社会大众的不同角度，本着设身处地的原则，好好体会安或不安的平衡点，以寻找安的合理标准。由于外界环境和内部条件的变动，管理者必须持经达变，在动态中求取合理的调整。可见安人有赖于絜矩和经权的配合，才能真正发挥安人的功能。

然后说经权。怎么持经达变才算是合理地应变，而不是乱变呢？安人的大原则必须确立，成为管理者心目中不可改变的“经”，然后配合时空的变迁，依据各种内外环境的变数，秉持絜矩之道的原则，做出合乎此时此地的合理调整，这才是大家所欢迎的经权之道。变得合理，股东、顾客、员工和社会大众都能安宁。

最后说絜矩。管理者将心比心的时候，应该以安人为不变的目标，这样的设身处地，才能获得众人的认同。否则名为絜矩，实则完全基于自己的一厢情愿，未必符合对方的实际需求，当然效果不佳。因此，管理者以安人为目标，配合各种资源和条件适时地持经达权，以求合理展现絜矩的诚意，必然能够提升管理的绩效。

三者合而为一，每一部分都不能够脱离整体，以免有失周延而减少成效。

安人、经权和絜矩，怎么才能三者合一呢？宇宙中的一切生命，有一个共同的原动力，那就是“诚”。《中庸》说：“诚者，天之道也；诚之者，人之道也。”意思是“诚”为宇宙的本质，它充塞于天地之间，但是我们看不见也摸不着，必须由人来表现，它才能够产生作用。管理者具有“诚”的修养，就比较容易保持平常心，在多种可供选择的方案当中“择善而固执”。也就是“以此时此地合理的为善，一旦决定，便坚持一段时间，不再变更”，而犹豫不定，或者朝令夕改，都不是好现象。

我们允许成员之间的竞争，有时也不失为安人的一种方式。这虽然对部门之间的协调一致有些不利，但是如果成员之间完全不竞争，长久下来，也可能会丧失斗志。人类的精神力量，以一张一弛为适宜。长期紧张而缺乏弛缓来加以调剂，必然会因疲惫而最终衰竭；长期弛缓，完全不紧张，也将由松懈而至于麻木。所以适时地持经达变，只要絜矩得宜，便应该加以制宜。

人多意见也杂乱的时候，可以“中人”的标准进行思虑。因为智慧特别高或特别低的人，各有偏执；中等智慧的人，反而容易合乎中道的要求。组织成员是经过筛选的，这时候大多数人的意见应该值得重视。但是在思虑和应用策略与权变时，仍然以贤者多高明。究竟是听取多数人还是少数人的意见为宜？这也是管理者必须三者合一，才能够求得合理答案的重要课题。

第4章

管理无离伦理，行道必依良心

一、管理不可偏离伦理

管理和伦理要合一，其他国家不一定这样做，但中国人会讲："凭他那副德性，也想管我吗？"就是把管理与伦理合在一起了。西方人的私生活是个人问题，品德修养是个人问题，和管理没有一点关系。中国人如果要管别人，首先要求把自己管好。因此我们常说"你连自己都管不好，凭什么管我"这样的话。

伦理思想，为我国所固有。儒、道、墨、名、法诸家，也都以伦理学说为主。中国自古被称为"礼仪之邦"，便是因为中国人普遍具有伦理观念。但在日常谈话中，到处有人提及"良心"和"道德"，一般人不常用"伦理"两个字，便是以"良心""道德"来代表伦理。

有人会说："良心很不可靠，良心根本看不见。"还有人说："良心在哪儿呀？"老实讲，说这种话的人，就等于在告诉别人他自己没有良心。因为作为一个中国人，与生俱来的是他知道什么叫良心。良心就是照道理去做。所以在中国社会，你否定良心，开良心的玩笑，就是开你自己的玩笑，对你自己是非常不利的。

一个人在半夜醒来的时候，往往会觉得自己白天有些事情做得不对，于是内心很不安，然后下决心明天要改。所以什么是良心？就是半夜醒来让我们内心感到很难过的那一点东西。可是第二天起床后，如果一个人又被外面那些乱七八糟的东西控制住了，继续胡作非为，就说明他的良心有问题了。现在许多人变得白天没良心，晚上有良心，所以晚上睡不着觉，也不敢睡觉，这就是那些人自己要小心的地方。

如果一个人认为只要合法就可以做，这个人往往是没有良心的。因为法律不可能规定得那么周全，不能够多如牛毛，经不起时空的变化；法律也相当有弹性，且永远是不足的，所以伦理和法律不同，伦理可以用来弥补法律的不足。

这样你才知道，为什么中国人十分寄望于良心。一个人只有自己管自己，才最切实；只有自己让自己厉行合约，才是最有效的。

“企业伦理”对我们而言，实在就是“企业良心”或“企业经营所应遵循的道理”，也就是“凭良心来经营管理”。中国一切学问，无不以伦理为范围，企业管理也不能例外。我们所施行的，乃是一种伦理管理；而我们所追求的，则是各凭良心的企业伦理。

管理是外在的伦理，是由内在的良心道德发展为合乎伦理的管理。伦理完全是内心世界的东西，我们如果把伦理变成外在的礼貌，那就糟糕了。西方人有时很有礼貌，但是他可能一点也不关心你；中国人有时没有什么礼貌，但是他可能很关心你。因此西方人重视形式化的礼貌，跟内心没有关系；中国人不重视形式的礼貌，却非常关心内在的东西。所以一般中国人不相信别人的话，但是他会相信自己的感觉。他感觉到你这个人很可靠，就相信你了。你再三保证“我很可靠”，他又不相信你了，因为他会觉得强调自己很可靠的人，往往心存欺骗。所以在中国，凡是口才好的人，人际关系不一定好，大家要小心这一点。

伦理是内在的管理，管理者的良心道德，足以左右管理的安或不安。一个人把自己管好，就叫作“伦理”；把别人管好，就叫作“管理”。这是不一样的。

人是不能“管”的，所以管理就是“管自己”“理别人”，对别人要“理”不能“管”，对自己要“管”不能“理”。我们把“管理”两个字分得非常清楚，“管”就是给他压力，约束他，要求他，“理”就是看得起他。凡是你对别人用“管”的态度，大概都没有太大的效果，因为那是对自己的。人要管自己，要约束自己，要告诉自己不可以这样，不可以那样，而不是对别人约束。对于别人要“理”，要看得起他。如果你看不起他，用什么激励办法都没有效果。

二、伦理首重良心道德

中华传统文化的特色之一就是讲求伦理。不讲伦理，那就不再是中华文化了。伦理对中国人来说，好像家常便饭。“良心”一词，几乎是到处可闻。因此我们常说“凭良心来经营”“凭良心来管理”。

伦理是什么？就是你内心安不安。凡是你内心感到很安的事情，能够心安理得的事情，大概都合乎道德的要求。我们一般人把伦理叫作“良心道德”，所谓“凭良心”，就是要站在对方的立场，想一想他的感觉是什么样的。

真、善、美之中，西方人最重视“真”，一切以真实为主。中国人最重视“善”，不太重“真”，我们认为“善”可以涵盖“真”和“美”。所以西方人有话可以直说，可以说真话。我们中国人很少说“真话”，都在说“善话”。如果你没有抓住这一点的话，你会觉得中国人始终在撒谎，在讲骗人的话。某一天太太问先生：“我年纪一天一天大了，是不是一天一天老了？”先生是不可以回答“是”的。如果你讲了一句真话，晚上恐怕就不能好好睡觉了。家里夫妻两人不管哪一个做饭，一个人问另外一半：“你常常去饭馆，你觉得我烧的菜怎么样？”假如你回答说：“我们怎么能跟人家专业的厨师比？”恐怕下一顿你就没饭吃了。所以大家经常说，中国人很真诚，中国人讲实在话，其实没有一个人做得到，因为我们脑海里面的“善”就是“真”。

伦理指人群的道德，道德则主要表现为我们个人的良心，所以伦理首重良心道德，因此我们把管理定义为“修己安人”。西方没有一本书写“修己安人”，它都告诉你管理就是“通过别人的手去完成工作任务”。我不知道中国人听了这句话有什么感想，“通过别人的手去完成工作任务”，我们通俗的话就是“让别人去死”。但如果你认为管理就是如此，恐怕没有人会听你的话。

“修己安人”就是每一个人把自己管好，然后让所有和你在一起的人都很安。安就是不吃亏，吃亏就不安了。中国人天不怕、地不怕，就怕吃亏上当。一个人让别人吃亏上当，最后倒霉的就是自己，因为吃亏上当者一定会报复，所以我们才说“害人如害己”。和你在一起的人都不安的时候，你是最不安的。

“修己安人”是一种耕耘，而良心道德才是它的收获。我们中国人一定要了解，做事业、有成就都不是人生的最高目标，那是“富强”。一个人凭良心、心安理得才是人生最高的目的，这就叫“安足”。富强不一定安足，安足可富强，也可不富强，都无不可。

良心是先天的，但是道德可以经由后天的学习而获得。后天养成好的习惯，良心就出现了，没有什么难的，所以你不要再去追究看不见的良心，告诉自己“我要养成好习惯”就可以了。比如说我们做任何事情，先考虑别人的立场，先考虑别人的感受；想到自己时，马上想到别人。“将心比心”，推己及人，这是一种好的习惯。凭良心管理，可以兼顾管理和伦理，做到二者合一。

三、伦理是合理的不公平

伦理是一种不公平的状态，但是要加上“合理”两个字。伦理的“伦”字，含有参差不齐的意思。人与人之间，人格是平等的，但是地位是不平等的，这才是事实。

伦理表示人与人之间的各种关系，本来就有亲有疏，有长有幼，有上有下，参差不齐。人与人之间理想的情况，当然是一律平等，大家都公平。实际上却是人格平等，而机会、薪酬、成就往往存在落差。毕竟资源是有限的，机会是不够充足的。

我们必须了解，伦理社会所追求的是“合理的不公平”，而不是“不合理的公平”。因为公平是做不到的。所以如果现在让大家选，一个是“不合理的公平”，一个是“合理的不公平”，你会选“不合理的公平”吗？一定不会，所以最后只有一个选择，就是“合理的不公平”。

绝对公平只是理想，是做不到的。“合理的不公平”是实际，是做得到的。管理面对机会不充足、资源很有限的情况，只能公正，却实在很难公平。公正而不一定公平，即是“合理的不公平”。

我很坦白地讲，我们是追求一个不公平，而不是追求公平。绝对公平是做不到的，不公平只要合理就好，所以叫作“合理的不公平”。

四、亲疏有别长幼有序

伦理所讲究的，是亲疏有别、长幼有序，而不是一视同仁。西方人比较主张一视同仁，但是中国人最不能忍受的就是“没大没小”。长上就是长上，身为下属、子女、学生、员工，对上司、父母、老师、老板，当然要礼让三分，不可能平起平坐，不分上下。因为机会有限，资源不充足，只能够由亲而疏，推己及人，称为“合理的不公平”。

所以领导可以对自己的下属讲，“大家不要客气”，但是身为下属，一定要学会礼让三分。如果下属不让上司三分，就根本没有办法管理。因为西方社会的道理很容易讲得清楚，中国人的道理是永远讲不清楚的。我们只有靠“我让你三分”，才有办法把这个“理”找出来。中国人只要说“我跟你平起平坐”，那就永远没有一个是非结果。

管理必须兼顾伦理，所以有亲有疏。但有亲有疏的时候，一定要公正，否则就有私心。只要出于公正，有亲有疏处理到很合理的地步，参差不齐是应该的。我相信每一个人都可以接受。

长幼之间，领导与下属之间，会讲究一个合理的不平等，而不是完全的平等。一般来讲，懂得道理越多的人，他说话越不敢用肯定的语气；懂得道理越少的人，说话越武断。所以如果两个人平起平坐，那一定是没有道理的人的声音特别大，有道理的人反而不好意思，显得比较含蓄。这是我们在整个社会到处都可以看到的事情。

我们希望“能者”能够积极表现，而不是袖手旁观。如果在一家公司里，有智慧、有能力的人采取袖手旁观的态度，这家公司可能很快就垮了。为什么他有能力却不表现，有智慧却不说出来呢？就是因为管理者没大没小，那他就不敢了。

伦理的精神，立足于中国特有的交互性。彼此彼此，将心比心，并非出于片面的要求。亲疏、长幼之间，双方都要将心比心，各凭良心。

五、安不可能没有区隔

安一定要有区隔。换句话说，我们先小安，然后才大安；先局部的安，然后整体的安；由短暂的安，推到长远的安。理想的情况，当然是一下子全都获得“大安”“久安”“众安”“实安”。然而一下子全部都安，那是不可能的。实际的情形，则是逐渐由“小安”而“大安”，由“暂安”而“久安”，由“寡安”而“众安”，也可能由“虚安”而“实安”。

所以有时候我们会觉得，总是去安少数人，这样不公平。其实先安少数人，才有办法去安多数人。所以邓小平讲了一句话，我相信大家都很清楚地记得，“让一部分人、一部分地区先富起来”。我们十几亿的中国人一下子都富起来，那是做不到的。我们必须接受先“小安”少数人，然后去推至“大安”“久安”“众安”。我们现在要做的就是一个“推”字，怎么把少数人变成多数人，怎么让“寡安”变成“众安”，这是我们当前要共同努力的。

安有一个逐次演变的过程，不可能一下子就达到安的理想境界。换句话说，这种逐次演变的过程，如果秉公处理，出现若干区隔，应该是一种正常的现象。有先有后，有轻有重，有急有缓，于是亲疏有别，长幼有序，就成为一种合理的次序。

公的区隔，是合理的不公平；私的区隔，便是人为的不公平。公是什么？就是不会为私人的利益盘算。因此，安不可能没有区隔，但是不可出于私心或成见，必须秉持公道。

六、依层次按顺序求安

我们待人要先从“一视同仁”做起，然后视实际工作表现，走向“亲疏有别”。我经常会在不同场合问大家：“你是喜欢一视同仁呢，还是喜欢亲疏有别？”居然没有一个人说“领导要一视同仁”，可见我们脑海里面都是“亲疏有别”。

一位领导者只能亲自带少数人，然后让少数人再去带更多的人。我们是一层一层地去带，而不是一位领导带领所有的人。一家公司的员工超过百人以后，老总不太可能记得住每个员工的名字，而且也没有必要记。所以领导者只能自己带第一层，然后让第一层人去带第二层，这样一层带一层就可以了。

公的亲疏有别，就是“合理的不公平”；私的亲疏有别，便是“人为的不公平”。本来已经不公平了，你再加上人为的不公平，那是绝对不可以的。所以一个好的领导，其实做到三个字“利公心”，就可以了。“利公心”就是“我心是公正的，不会有偏的，但因为资源实在有限，机会有限，不得已有不公平的表现，否则我希望满足每一个人的需求”。

站在公的立场，从工作表现、所做出的贡献来分亲疏，而不是从私人的亲戚、朋友关系来分亲疏。工作场所，不讲求私人关系，只依据职场所需要的上司下属、工作表现、所做贡献而互动。

第5章

安顾客，
是立业之基

一、顾客是衣食父母

企业要求生存发展，必须要获得顾客的支持。因为顾客使企业生生不息，是我们的衣食父母。企业所有的收入几乎都要依靠顾客，没有顾客，我们就有可能结束营业，被迫节衣缩食，甚至宣布倒闭。

可是我们要记住，一般的散客，偶尔跟你打一次交道，买了就算，下次不再光顾，不能算顾客。只有老主顾，或者是长期订约的客户，才算是顾客。那些糊里糊涂闯进来，看一眼就跑掉的散客，哪算什么顾客？

只有老顾客才是顾客，假如他不知道你的产品是什么，试用一次后不再用了，你要这样的顾客干什么？公司靠老顾客在支撑，一般的顾客是没有太大作用的，所以我们要把顾客分清楚，这个是老顾客，那个闯进来后很快跑出去的人不是。

企业主要依靠这些老主顾或订约户来维持。光凭散客，十分危险，因为靠不住，不可依靠。假如一个饭馆，如果是靠突然来的顾客维持经营，那它就不要营业了。好的饭馆都是有些老顾客的，俗称“回头客”。所谓的老顾客，不一定是一个人，可能是一家公司。比如对酒店而言，老顾客可能是旅行社，它会将整个酒店包下来，以后这家酒店就会经常客满。这样我们才知道，你突然间去订旅馆，价钱通常会很贵，可是如果通过旅行社，价钱反而很便宜。因为旅行社和旅馆签订的是长期合约，约定的价格有可能是一年一万个房间，所以每次的房价可能是二折。

因而，维持着企业的是常客，不是散客。顾客是企业的衣食父母，只有顾客能安，企业经营管理才有靠山。顾客只要不安，常客就会走掉，这个老总就很难当。

我们对顾客要亲疏有别，对老顾客一定要更好一点，所有优惠都首先考虑老顾客，而不是考虑新客户。在坐飞机购买机票时，航空公司都会给你一张会员卡，你累计的点数多了以后，就会给你价格、服务方面的优惠，这就是亲疏有别的一种做法。

二、顾客最冷酷无情

顾客是最冷酷无情的，所以我们必须去了解顾客所需要的是什么。一般来说，顾客所需要的，是“货真价实、供应不断、态度友善、更新产品”。

（一）货真价实

人最不喜欢的就是吃亏上当，顾客发现吃亏上当以后，他就会认为你货不真价不实，以后你再讲什么，他都不会听你的了。让客户失去信心，是我们最大的祸根。

（二）供应不断

为什么顾客需要供应不断呢？假如他发现一种酱油很合自己的口味，用习惯了的产品突然间没有供应了，他就很不高兴。所以我们常常强调求新求变，其实是存在一定问题的。比如爱抽香烟的人，他有自己喜好的牌子，抽几年以后，品牌就固定下来了，假若这个品牌突然不生产了，或者改变香味了，甚至改变包装了，他都会很不高兴。

（三）态度友善

顾客最讨厌的就是四个字：花钱受气。今天的顾客到处都在花钱受气，就是因为许多企业的服务态度不够友善。为什么态度不够友善？因为“顾客重要”的观念只在老板、主管的头脑里，一般的服务人员对待顾客根本没有这样的观念，他还会烦顾客，认为“你们少来算了，最好不来”。因为他总以为自己的工资是老板给的，根本没有想到工资其实是顾客给的，就这一念之差。

（四）更新产品

这与“供应不断”的需求并不冲突，就是说企业的老产品要一直保持下去，直到顾客自己都不想要了，才可以断掉。但是同时还要不断做出新的产品来，让顾客有更多的选择。如果顾客觉得新产品好，就会取代老产品；如果顾客觉得新产品不好，还会保留老产品。

换句话说，更新产品的自主权是在顾客手里，不在生产单位。现在许多企业的产品说断就断，零件说停止生产就停止生产，以致很多东西坏了却没有更换的零件，顾客能不生气吗？我们今天经常嘴巴上讲服务，讲“顾客第一”，实际上还是生产本位，而不是顾客本位。

顾客害怕的是“花钱受气”“遭受毒害”，或者“吃亏上当”。顾客如果心怀不安，就对公司相当怀疑，开始抱着不信任的心态。只要顾客不信任的公司，就会像云一样散掉，这家公司很快就枯萎下去了。

顾客是很绝情的，说翻脸就翻脸，动不动就会拂袖而去，稍微不高兴，他下次就不来了。我们上饭馆也是这样，去吃的时候，心里想着这种饭馆只能来一次，下次绝不再来，有人打听我也不会推荐它，那它很快就倒闭了。同样开饭馆，记住一句话：天天有人开餐馆，天天有餐馆倒闭。

顾客很容易变心，原来喜欢的，也会突然不喜欢；本来想买的，忽然不买了。我们每个人都是这样，有时想去买东西，最后空手回来。原因有很多，第一没有看上的，第二价钱太贵，第三杀价不成。所以我们中国人要知道，当一个客人想走的时候，你要笑脸相送，千万不要惹他生气，因为他很有可能又想买了，很快又会回来了。

顾客固然绝情，随时可能拂袖而去，但是企业只要保持“货真价实、供应不断、态度友善、更新产品”的良好信用，消除顾客“花钱受气”“遭受毒害”“害怕吃亏上当”的不安，则市场占有率仍可确保领先的优势。

三、要搞好人际关系

顾客是很绝情的，所以最好是搞好人际关系。要让一个中国人不杀价，其实很容易，你只要和他关系很熟，他就不好意思杀价了，所以有的企业为什么要“杀熟客”，就是这个道理。

我们要和顾客主动寒暄、打招呼、问好，以建立并保持良好的人际关系。我建议对客户的资料最好有记录，但不能当着客户的面做记录。第一次你不方便问客户的名字，所以应先记录他大概身高多少，穿什么衣服，什么特征。他第二次再来，你就比较有把握了，可以问“先生您贵姓”，他也多半会告诉你的。他会常来，你每次问一点，很快就能做出完整的客户记录了。

我们和客户打交道，必须主动积极，但是不能够存心只想让他掏腰包。如果我们整个眼睛就盯着客户的钱包里面有没有钱，其他都不管，最后大多是做不成生意的。尽管我们表面上十分诚恳，内心却毫无诚意，顾客还是马上会觉察出来的，他们是不会感动的。

我是不赞成员工见到顾客就喊“欢迎光临”的。全世界只有日本人这样做，英国、美国没有人这样做。我们很盲目地去学人家，让服务人员站在门口喊“欢迎光临”“谢谢惠顾”，这对大多数中国人是没有用的。我们要先注意顾客有什么值得关心的地方，这是对待中国人最好的方法。

顾客光临，是我们的荣幸，心存感谢，尊重顾客，才是根本的待客之道。当一位顾客受到尊重的时候，他会管好自己，不会乱杀价，这也是保障我们自己的方法。

我们最好设法认识顾客，记住他的尊姓大名，和他结交成为朋友，他才可能变成我们的老主顾。我们中国人和朋友是不计较，和生意人却是很计较的。所以我们如果把顾客变成朋友，那是最大的财富；如果始终和他只是客户关系，他是会斤斤计较的。

我们要记住：交易不成，人情永远在。如果我们说，“我跟你是见面就有缘，你要我做什么，如果我能做，我都替你做，你买不买我不会很计较”，他反而会不好意思，心想：“麻烦你那么多事情，多少买一点吧！”他多少会有这种想法。因此，我们搞好人际关系，顾客就不会那么计较了。

四、保持定期的接触

我们如果忙着寻找新客户，就会忽视老顾客。为什么要做好售后服务？很多人并不了解，尤其销售房子，一般人会说顾客已经买了，你还要为他提供售后服务，岂不是傻瓜！他的理论很简单，认为一个人一辈子购买房子的次数有限，买了一次房子以后，根本就不可能再成为自己的客户了，所以没必要进行售后服务。这种想法其实错了。

售后服务有很深刻的意义，就是说我们定期和老顾客接触，他会告诉我们很多市场变化的信息，告诉很多亲戚、朋友对我们的产品的关心，我们会得到意想不到的收获，也才能提高销售的业绩。

我们通过直接访问、电话访问或书信访问，都可能了解到顾客对公司、商品或服务的满意度。这样顾客也会时常想起我们，他就会自动变成我们的推销员。如果老顾客都能变成你的推销员，你的销售队伍就会无形中变得很庞大。

管理者要把顾客纳入管理，就要做好顾客的资料记录和整理。每过一段时间，就要把顾客的资料更新一次。同时，适时寄送生日贺卡、结婚纪念贺卡、优惠券、购物券等，以保持经常性的联系。

顾客的名片，也必须随时整理，随时归档，随时更新，以便适时问候、表达关怀。其实这对我们是一件很有利的事情，只有让顾客觉得你在关怀他，他才会心中有你，他才会不好意思不对你做点事情，这是中国人很可贵的地方。

五、发掘再推销机会

顾客如果真正对公司、对产品或者服务有好感，就会主动向自己的亲戚、朋友去介绍，这才是企业提高销售业绩的最大动力。

因此，通过售后服务，我们和客户保持定期的接触，就可以发掘许多再推销的机会，不一定是顾客自身，还可能获得其亲友的青睐。

一个人终其一生，可能介绍、推荐给他的亲友多达 300 人次。所谓的“300 法则”，便是“看见一位顾客，要想起他的背后还有 300 位潜在的顾客，真是得罪不起”。这是非常重要的。所以，一位客户如果真正相信、欣赏你的产品或服务，即便他自己买过一次后不可能再买，但他一生还可能替你介绍300位顾客，会推荐300个亲戚、朋友成为你的客户，而且他不会有任何额外的要求。

当一个中国人愿意没有任何报酬替你做事情的时候，你便得到了他真正的信任。一分耕耘才有一分收获，不是说我们经常发几张宣传单，做几次广告，就可以提升销售业绩了。

其实我们的商业广告已越来越没有用了。人们看电视的时候，只要一播放广告，他就开始换台，所以广告时间就是换台时间。因此每一个家庭看电视时都有个默契，就是电视屏幕上一打广告，他们就去上厕所。

所以很多企业并没有注意到，它们花钱做的广告根本没有人看。一般来说，西方人会相信广告，中国人是不太相信广告的。因为中国人很聪明，他知道凡是出钱去打广告的企业，就是赚了顾客很多钱的企业，不然钱从哪里来？谁都知道电视广告费用是非常高的，是按秒计算的，而钱最终是出在顾客身上的。由此可见，凡是出钱去打广告的企业，要么产品不太好，要么产品很贵。

你要通过一次又一次的访问接触，让老顾客对你越来越信任，因为刚开始，他认为你赚了他的钱，你当然对他好，慢慢地你不再赚他的钱了，仍对他这么好，可见你是真的对他好，然后他就会很积极地介绍新客户，这样也可以促使顾客变成老主顾。

把握顾客增购或汰旧换新的时机，也是再推销的方式之一。在这方面，开米店起家，后成为“台湾地区塑胶大王”的王永庆是做得最好的。

那时，台湾嘉义已有米店近30家，竞争非常激烈。当时的王永庆，只能在一条偏僻的巷子里开一个很小的铺面。他的米店开办最晚，规模最小，更谈不上知名度了，生意十分不景气。但他就是把我们上面讲的东西做得头头是道，后来生意才越来越好，越做越大的。

王永庆是怎么卖米的？他送米的时候，并非送到顾客家门口就了事，而是还要将米倒进米缸里。如果米缸里还有陈米，他会自己带一张报纸，把报纸铺在地上，将陈米倒在报纸上，把米缸擦干净后，将新米倒进去，然后将陈米放在新米上，这样，陈米就不至于因存放过久而变质。顾客看到他主动做这种事，觉得他真是替我着想，就很感动。

王永庆给顾客送完米，然后顺便问明顾客家里有多少人吃饭，几个大人、几个小孩，每人饭量如何，据此估计该顾客下次买米的大概时间，并记在本子上。到时候，不等顾客上门，他就主动打电话，将相应数量的米送到顾客家里。

王永庆这样做，顾客怎么可能从他身边跑掉呢？顾客还会向邻居介绍，这样所有嘉义人都知道在米市马路尽头的巷子里，有一个卖米送货上门的王永庆。就这样，王永庆从小小的米店生意，开始了他后来问鼎台湾地区首富的事业。

六、消减顾客的不安

我们向顾客提供产品或服务，要站在对方的需求角度，其目的在于消减顾客的不安，而不能站在自己的角度，想怎么做就怎么做。人永远是不安的，不安是不可能消灭的，只能消减。

我们要弄清楚顾客对公司、产品或服务的真正感觉。所以我们要去问购买的顾客，“你为什么选中我们公司的东西？”也要去问那些不买的人，“你为什么不喜欢我们公司的东西？”两边一对照，就可以知道真正的原因在哪里了。

我们往往只问一面，这样是得不到真正答案的。不买的人，认为你的产品太重了；买的人，认为你的产品很漂亮。这两个答案根本不相关。他认为产品做得很漂亮，那你又问他："我们把重量减轻一点，可以吗？""那更好啊！"你就得到了答案。这样，一方面外表要漂亮一点，另一方面东西不要太重，你才能够得到一个比较整全的答案，否则都是偏一面的，顾客永远不会满意。

我们要不断地通过访问、打听、体会，找出顾客不安的重点。一般来说，假如我们不能及时提供产品或服务给顾客，顾客是很不安的。你看我们去饭馆吃饭，经常发现顾客对餐厅老板或者伙计发脾气的原因，就是嫌菜出得太慢，"为什么后来的人都先出菜了，我们先到的还没有上菜，你想把我赶跑？"这就是一种不安的表现。

有一家餐厅挂着一个牌子，上面写着："如果客人订餐后15分钟之内没有上菜，今天免费。"这就是一种消减顾客不安的服务态度。

我们到美国去，会发现很多人在餐厅外面排队。这种现象中国也有，但这两种情况是不一样的。中国人在餐厅外面排队，是因为餐厅里面客满，没有位置了，才会在外面排队。美国人在餐厅外面排着长队，餐厅里面顾客却稀稀拉拉，还有很多空位，但服务生就是不让外面排队的人进去。我曾问过美国人："里面有空位，外面那么多人在排队，为什么不让他们进来呢？"他们回答说："因为我们要保证服务的质量。"假如顾客全部进来，正吃饭的人就很不安，服务生也忙不过来。

我们有些人都是进餐厅后，一看没有座位了，就站在正在吃饭的人旁边，盼着他快点吃完走人，这样正在吃的人怎么安心吃饭？他心里想"我才不管你"，吃饭速度反而慢下来，然后大家就开始斗气。而餐厅里人一多，服务生忙不过来，服务质量就差了。

你会发现，这就是我们所讲的经营理念的问题。一是真正关心客户利益，以客户的满意度为第一；二是先拉住顾客，不要让他跑掉，至于服务好坏再说。这是两种完全不同的理念。

你能够服务到什么地步，就做到什么地步。不要勉强，一勉强，服务质量一定差。要不要这样做，那就是你自己的经营理念问题了。

我们也可以采用问卷调查的方式，来做顾客满意度调查分析。千万记住，顾客的满意度是非常重要的。一家企业如果要想做成百年老店，一定要注意这一点。只有顾客越来越满意，你才有办法持续经营，否则，企业一阵风就不见了。

我们要针对顾客的不安提出一些消减不安的具体方法，然后逐一评估这些消减不安的具体方法，并加以改善。真正付诸实施以后，要视其成果再加探讨，并力求改进。

第6章

安员工，是兴业之道

有些人重视的是个人，不是家庭，因此他们是比较公私分明的，白天上班以公司为主，晚上到了自己的私人时间，才去考虑家庭的事情。但有些人重视的不是个人，而是家庭，所以许多人不管在什么地方，心里念念不忘的就是自己的家庭。只要家里有事情，他们在公司里面往往是不安的，为了家庭的事情，常常要请假。

我们中国式管理，就是要把家庭扩大化，扩大到“员工以厂为家”，“化外人为家人”。员工把公司、工厂当作他的家，他才会把心交给企业。什么叫作“家”？就是我们能够交心的地方。

如果随便问一名员工：“你的心是摆在家里，还是摆在公司？”我们就可能知道他在想什么。假如他开口就回答：“当然摆在公司里了。”我们就知道他是在骗人，是假惺惺的。假如他告诉你：“如果我家里安下来，我自然会专心专意地在公司工作。”这才是真心话。

中国人常讲，一个人一定要没有后顾之忧。后顾之忧，指的就是家庭。家庭能够安，他就能够专心去工作；家里不安，他上班的情绪就会受到影响。所以西方的人事管理，只是管员工上班的情况；我们中国的人事管理，除了管理员工在单位的表现，还要管到员工家里的状况。两者是不一样的。所以在中国当老板的人，对企业员工，特别是领导干部，如果他的家人生病了，我们要去看一看；他家里出了什么事，我们也要去看一看，就是这个道理。

我们要以厂为家，但这个“家”绝不是指今天所讲的小家庭，而是指家族。一个工厂像一个家族，不能像一个小家庭。我们许多人就是把“家”都当作小家庭来认识，那是很大的错误。中国人所谓的“家”，是指家族，它由多个小家庭共同组成。小家庭就相当于我们的部门，而公司就相当于整个的家族。一个人如果能够把家族事务处理得很好，他就可以当总经理。所以中国传统家庭的族长也是很难当的，无论家庭发生什么事情，都要找族长出面解决。族长往往把有关的人找来，说几句话，问题可能就化解掉了。如果我们把公司只是看作小家庭，是没有办法管好公司的事情的。

公司能不能经营得好，就看员工有没有齐心协力，是不是一条心。我们“化外人为家人”，把所有不是我们家人的员工，统统变成家族里面的人，让所有的员工都认为公司就是“白天的家”，很多问题就可以迎刃而解了。因为员工只要身安心乐，自然可以精诚团结。而我们中国人只要团结，所产生的力量是很大的。

一、各阶层都患不安

现在许多企业的各个阶层都患有不安症。

（一）高层不放心

高层不敢授权，不信任下属，仍然事必躬亲，既苦了自己，又缺乏效率。

（二）中层不称心

中层遭受“上压下顶”的困难，大多不能够称心如意地发挥能力。他们跟上层领导讲不通，跟下面员工也讲不通；下面的事情不敢向上汇报，上面的事情也不敢向下传达，承上启下实在不容易，常有力不从心之感。

（三）基层不热心

基层自我感觉没有人真正关心他们，自己似乎在自生自灭，当然热心不起来。所以基层员工宁可在那里上网聊天、玩电脑游戏、不断抱怨，或者互相逗乐开玩笑，也不认真做事，我们随处可以看到这种现象。

高层不放心，中层不称心，基层不热心，都是不安的现象。

高层都知道要授权，但就是不敢授权，为什么？因为一旦授权出去，下属就会发生“叛变”。在中国的历史上，做皇帝的人，常称自己为“孤家寡人”，就是在告诉自己，靠一个人是管不了天下的。所以他一定要依靠别人，但靠宰相，宰相叛变；靠宦官，宦官作乱；靠外戚，外戚给他搞得一塌糊涂。历史上大多数君王是这样，光靠自己不行，靠别人弄不好也完蛋。所以中国人不敢轻易授权给别人。

但一个企业要想做强做大，就必须考虑授权。因为企业规模很小的时候，老板自己还可以管得很好；一旦规模大了，再靠老板自己就完了。所以如果老板有几个可靠的下属，企业就可以做大，如果没有可靠的人才，是不可能做大的。老板要把人摆在第一位，找到合适的人，就可以跨出一步，就可以扩充；找不到可靠的人，一切免谈，这样做是最踏实的。

一个人最多只能同时管七个人，多了就管不了，这在管理学上叫作“管理幅度”。因此如果超过七个人，我们就要分出一个层次来。比如说，我们可以将公司的全国性业务按地区划分，分为华中区、华南区、华东区、西南区、西北区等，往下可以再多一个层次。总之一个人要想同时照顾到七个以上的部门，几乎不太可能。但也有一个特殊的情况，如果每一个地方的性质都很相近，管理幅度可以适当加大，一个人可以多管一点。

我们如果完全按照西方的授权制度，对下属就没有办法信任，因为你一信任他，他就开始作怪，这是最麻烦的事情。凡是看得见的东西都可以造假，你相信报表，他就用报表来骗你；你相信业绩，他就用业绩来骗你。所以我们中国人要走自己的路，要学会重视“心”，就是那些无形的东西。

中层往往会发现，基层员工敢顶撞自己，却不敢顶撞高层。基层员工对高层领导毕恭毕敬，回答任何问题都是“是、是、是”“好、好、好”“没问题”。但他对中层主管却是毫不客气的，你一问他，他就说：“你自己去做！”然后我们发现，高层领导看到基层员工时也很客气，却专门给中层主管难堪。他把你叫进办公室去，别人谁都不骂，专骂你一个人。因此中层主管就是老板的“出气筒”。

所以我很坦白地讲，三个阶层之中，员工好当，老板好当，中层主管最难当。我常常听很多人在讲，如何做好中层主管，其实他完全没有体会到其中的难处。因为中层就是“夹心饼干”，他无论怎么做，都是不容易令上下都满意的。

其实中国做事最精彩的就是中层主管。如何做好中层主管呢？我有三个建议：

第一，**把自己当成中层**，**你就会做得很好**。**你一旦把自己看作高层**，**就做不好事情**。

第二，**要想办法走曲线的路**，**而不是走直线的路**。**走直线的路**，**就是顶撞上面**，**欺压下面**，**那谁都不会服的**。

第三，**切记“欲速则不达”**。**很多事情是快不得的**，**过分求快的结果**，**就达不到目的**。

基层员工为什么不热心？因为他觉得工作没有前途，认为有好处都被上面的领导拿走了，有功劳都被干部抢走了，而好处是轮不到自己的，那么费心干什么？因此，基层员工常常是一肚子火，最后往往成为最不关心公司的人，即使他最清楚公司的问题在哪里，也不会讲出来。

如果让基层员工自生自灭，他们就可能成为很可怜的一群人。我们不能让员工自生自灭，要负责教给他们技能，让他们对未来充满信心，让他们不断成长。

因此，基层不安、中层不安和高层不安的性质是不一样的。我们要分开来看，基层不安在哪里，中层不安在哪里，高层不安在哪里，然后才有办法逐个去击破，去改善。

针对大家普遍很不安的现况，我们的“安人之道”其实就是努力把这三个“不”字去掉。也就是说，如果基层员工热心、中层称心、高层放心，很多管理问题就迎刃而解了。

二、员工常见的不安

常见的员工不安，主要表现在以下六个方面：

第一，在人的方面，和上司处不好，和同事不融洽，或者觉得人伦关系不理想。

一个人和上司处不好关系，他就会不安。老实讲，只要上司不支持你，你有天大的本事都是没有用的，这在中国社会是千真万确的道理。该你做的事情他不让你做，你有意见他不听，你就全完了。和同事的关系不融洽，员工也会不安，一看到有同事到领导的房间里去，他就认为是在打自己的小报告，然后做什么事情都不顺，总感觉到别人在找他的麻烦。

一个人只要感觉到和上司处不好，和同事相处不融洽，他就会很快换工作。这也是员工平时经常换工作的最主要原因。

第二，在事的方面，难以胜任而心生畏惧，或者可以胜任而不想尽力，都可能产生不安。

员工在做事情方面，觉得力不从心，做不好工作，就会害怕。然后他就会敷衍了事，开始做表面文章，这是最可怕的。凡是做表面文章的人，都是工作做不好的人。

一般而言，喜欢打小报告、喜欢穿很奇怪的衣服、喜欢把头发搞得乱七八糟的员工，就是内心不安的人。如果工作做得很好，他是没有必要那样去做的。他工作做得不好，别人连看都不看他一眼，自然要通过作怪来引人注意了。因此凡是在我们面前作怪的员工，你不要骂他，那样他心里会更加不安的。

第三，**在时的方面**，**总觉得不容易掌握**，**常常错过时机或者看不出适当的时机**。

员工感觉到时间一分一秒地过去，却掌握不住，不是错过时机，就是耽误事情，开始不安了。

第四，**在地的方面**，**场合和身份常常搞错**，**以致后悔莫及**。

中国人最怕搞错场合，搞错身份。对员工来讲，只要有老板在场，你就没有开口说话的权利，因为你是不知道老板到底要讲什么的。

我们的老板往往是这样的：如果客人是从银行来催款的人，他就说现在企业利润很低，赚不到钱，这样才可以延期还款；如果来的是银行贷款的人，他就说我们这个行业发展还不错，利润是很高的，这样才能借到钱。如果员工不知道是哪里来的人，随便开口讲话，那不是让老板生气吗？

所以员工要养成习惯，不管谁问，自己就是不开口讲话；只要在场有人的职位比自己高，就轮不到自己开口，这就是伦理。

第五，**在物的方面**，**用错材料或者浪费材料**，**也是不安**

的根源。

一个人出了错，是不会安的。但为什么员工用错材料或浪费材料，不安又不敢讲？因为他一报告，主管就骂他。一个员工本来是很诚实的，有什么问题都会向上报告，后来他挨了骂，就不再报告了，结果大家都倒霉。在员工用错材料或浪费材料时，我们要原谅他，他才敢讲出来，然后大家共同来处理。

第六，在心态方面，不敢多做，不肯多做，不愿意做，生怕做错挨骂受罚，都可能导致不安。

我们许多人满脑子都是“多做多错，少做少错，不做不错”。这是事实，不能说是错误的观念。

我们作为经营管理者，要把错误当作一种成本来计算。只要员工不是有意的，只要错误的成本不是大得无法承受，就要允许员工犯错，并告诉他们以后记住教训就好，这才是会当领导的人。

三、用患不安来测试

总有一部分员工，他会做，但是他不愿意做；他能做，但是他不敢做；他可以多做，但是他宁可少做。管理者只是看到这样不对，却没有了解员工内心的不安。所以我们要用“患不安”来测试。

“患不安”是一种测试员工不安的方法，其实就是进行“员工工作满意度”的调查分析。我们只有找出员工不安的现象，才能分析其产生的原因，明白员工所以不安的真正根源。其实有很多问题是很容易解决的。

员工不满意的地方，一般来说，就是不安的根源。比如说一到 11 点多，他就开始不安了，因为他不晓得中午到哪里去吃饭，餐厅会不会很拥挤，饭菜会不会是冷的，这就是不安的根源，然后他就开始分心，工作的品质自然就不好了。

公司的责任，就是化解员工不安的根源。若是少数人的不安，就在少数人范围内解决，不要把它扩大，不要让所有人都知道。这是不可以公开的。我们经常把一部分人的问题拿来当作大家的问题，结果越搞越乱，越搞越糟糕。

有时候公司的一个措施不妥，员工就走了。其实员工是不会百分之百都走的。但最可怕的一种情况，就是好人都走了，坏人却留下来了。如果坏人都走光了，我们还不用怕；偏偏好人都走光了，留下几个越看越眼红的，那这样就麻烦了。你有没有发现，坏人有时候是最后一个走的？因此员工为什么走，我们要分析清楚。

员工对工作和环境不满意的地方，我们要分开去了解。员工对环境不满意，他会走；对工作不满意，他会恐惧，因为怕你让他走。一个是他自己想走，另一个是怕你让他走，他都会感到不安。

员工的工作做得好，但他对环境不一定满意；员工对环境很满意，但他不一定能胜任工作。所以我们一定要了解员工，看他能不能胜任工作。因为人对有挑战性的工作，胜任力是有限度的。

员工为什么满意，为什么不满意，两边都要调查，同时对比员工“为什么满意”和“为什么不满意”，就可以找出员工“患不安”的真正原因。

四、使员工身安心乐

管理的目的，就是使员工“身安心乐”。员工“身安心乐”，表示对工作和环境都相当满意，乐于在此长期努力工作，他是没有理由要离开公司的。

员工对工作和环境都满意，“身安心乐”，情绪就相当稳定，就会专心工作，就会全力投入，工作当然很有绩效。

“尽力而为”和“全力以赴”两个词的意义是不同的。“我尽力而为”，其实是应付应付；“我全力以赴”，那是不顾一切地投入。如果一个领导只能做到让大家“尽力而为”，你就要小心了，因为员工会越来越不尽力。但是我们没有办法勉强一个人“全力以赴”，除非他自己愿意。员工自动自发、自己愿意全力以赴的时候，谁都挡不住。所以最好的管理办法，就是要细心地找出员工不安的原因，然后想办法加以改进，使员工能安，才谈得上“身安心乐”。

只有员工“身安心乐”，三个阶层才能够各得其安。我们的目标，就是高层放心，中层称心，基层热心，大家都安。

在三个阶层中，只有中层先称心如意了，其他才能安。如果中层不称心如意，高层是不敢放心的，基层员工也不会热心的。因此一切安的关键，是建立在中层的称心如意上的。中国式管理的重点在中层，不在高层。美国式管理的重点在高层，日本式管理的重点在基层，那是不一样的。

第二步才是基层员工的热心。基层员工会全力投入、全力以赴了，高层才可以放心。

中国式管理是以中层主管为核心。老实讲，我们最应该培训的就是中层主管。花太多时间培训高层，其实是不正确的。高层重理念，培训不需要多少时间，听懂了就通了，听不懂就是不通，而“听不懂”的人可能永远听不懂，是没有办法的。而且高层不要学得太多，学多了以后反而乱了，下属就没有办法做事情了。我们要花更多时间去培训中层，告诉他怎样承上启下，怎样才能够圆满完成任务。只要中层做好这一点，称心如意了，基层员工自然就热心了，最后高层才可以放心。

五、有效的安人之道

综上所述，一个人身体要安，心要快乐，自然就做得好工作。要使员工“身安心乐”，必须做到以下五点：

第一，营造愉快的工作环境，分派其可以胜任的工作。

领导者的责任之一，就是营造愉快的工作氛围。所以一个聪明的管理者，他不会鼓励内部竞争，而是提倡大家要互助合作、彼此关心，然后才指派他们可以胜任的工作。

胜任愉快，自然能安；太多、太重、太难，或过少、过轻、过分简易，都会带来不安。

第二，给予适当的关怀与认同，促成同仁之间的融洽与合作。

彼此关怀，大家都安；失去关怀极易引起猜疑和反感，形成不安。

我们关怀和认同员工，该接受的我们接受，不该接受的还是不能接受。这样彼此之间会磨合得比较好一点。人与人之间、人与事之间的融洽与合作，就是靠不停地磨合，它有一个过程。

第三，制定合理的薪资制度，提供适当升迁机会。

企业的员工薪水太低了，大家会不安；太高了，又会引起同业和社会大众的怀疑和指责，亦不能安。该升的升，不该升的不升，大家自能心安；升迁不当或不合时宜，均将导致不安。

中国人合理的薪资制度，多半是橄榄球形的。年轻人刚进来时，薪资是比较少的；随着年龄的增长，薪资会逐渐升高，然后到了某一个年龄以后，薪水又开始减少了。为什么？因为一个人年龄大了，身体弱了，没有地方可去。这种薪资制度是有缺陷的。企业的薪资水平太低，就无法吸引优秀的员工，而且就算优秀员工来了，最后他也会提前走掉，因为他不愿意接受让自己很没有面子的待遇。

第四，考虑合适的福利，给予安全合理的保障。

工作有保障，心即能安；动不动就遭解雇，或同仁存心排挤，员工便不能安。人最怕的就是突然失业，发生意外，没有人照顾。所以我们要配上一些福利制度，让主管、员工都感觉到有保障。

第五，建立合理的管理制度，实施合乎人性的中道管理。

我们推行人性化的管理，目的就是使大家都感到在企业里受到尊重。

中国人特别重视面子，如果得到尊重，就能心安；否则便会不安。但是对于只爱面子不要脸的人，则千万不可以姑息通融，不然就是“乡愿”作风，也将引起组织成员的不安。

员工最大的希望在于获得“良好的工作环境、合理的工作报酬、公平的升迁机会、适当的工作保障、表达意见的机会”。企业必须努力做到“全面照顾”，消除员工“随着年龄的增加，痛感自己的价值年年降低”的不安，才能要求员工“以厂为家”。

六、视员工有如家人

在安人之道方面，我们希望首先要把员工看作自己的家人。家是小的国，国是大的家，家与国都是一样的。家是互相协助、互相激励的“利害共同体”，而不是简单的“利益共同体”，因为它不完全是利益的，有害处谁都跑不掉。我们今天太强调“利益共同体”，结果大家只想得到好处，不想承担坏处。一个公司所有的员工要同甘共苦，尤其是共患难，这才是真诚的表示。

领导者的重要工作，就是“化”，即把外人化成家人，把不是自己家人的员工化成自己的家人。如果你把组织领导得有如一家人，自然血浓于水，精诚团结。员工就会常常替公司着想，自然会尽心尽力，以厂为家。

我们希望员工以厂为家，先要视员工如一家人。**把外人都化成家人，是管理的最高成就**。

家人之间，先有合的意愿，才可以有分的念头。光是想分，那不像家人；一切都想合，依赖心太重。为了合作而分工，这就是家人的观念；为了分工而分工，这是外人的想法。只管分工，其他都不管，那就不是家人，而是外人；家人是虽然分工，但是一定要合作，家人与外人，就差那么一点点而已。站在合作的立场来分工，这是家人；只管分工而没有合作的概念，那是外人。

因此在喝茶之前，先看看别人是否需要喝茶，你就是家人；如果“你要喝茶自己去倒，我喝茶我自己倒”，那就是外人。特别是中国人，当你要做某一件事情的时候，一定要看看别人有没有需求，有没有不足，然后再考虑你自己。

一个人有“合”的观念，你再来分，大家会很愉快；一个人只会分，不会合，结果只能是众叛亲离，“孤家寡人”一个。

大家好，自己才会好。没有国哪有家？没有家哪有个人？西方人是不会接受“没有国哪有家”的观念的，他们是倒过来，认为“没有家哪有国”，因为本来是先有个人，然后才有家庭，家庭多了以后才有国家。我们中国人则认为，如果没有国家的保护，一个家庭有什么用？一个人又有什么用？因此，我们学习西方管理科学，应该弄清楚文化背景以后，再来选择哪些是可以学的，哪些是不能学的，哪些是应该调整的，这样才有好处。

第7章

安股东，是守成之本

一、股东是企业的投资者

股东是企业的投资者，企业希望生生不息，持续经营下去，股东的安或不安成为关键。当股东觉得企业发展很有前途时，他是乐意投资的，这时他会劝企业先不要分红，把盈余投进去，甚至于要求进一步增加投资，把事业做大。如果他一开始就十分关心“几年可以回收资本额”，那么这家企业是做不好的。所以股东的态度，对企业能否持续发展，能不能生生不息，有着十分重要的影响。

股东最关心的问题，不外乎财务和业务状况是不是正常？股息的发放能否平稳而较为优厚？投资的安全有无保障？股息能不能按期发放？股东和经营者常常发生矛盾，其实就是以下两个问题而已。

第一，钱的流向。股东关心钱的问题就是两个：一是企业有没有赚钱，二是企业赚的钱跑到哪里去了。如果他发现企业赚了钱不分给股东，都弄到经营者自己的口袋里面去了，那他不翻脸才怪。

第二，人的来路。股东会关心企业用的是什么人。为什么用来用去都是你的人？为什么不能用一两个我的人？你安的是什么心？有一天你准备把我换掉？股东对经营者最不放心的地方，就是有一天企业赚钱了，却把股东踢出局了。

因此股东和经营者之间相处不好，最主要的原因就是人和财的问题。

企业要持续发展，好好地经营下去，首先就要安股东。因为只有股东安的时候，他才不急着把资本收回去；股东不安，就会把股票卖掉，或者要求退股，把所投资的资金抽回去。股东要求退股或者不愿意增加投资，企业就很难生存发展。

大家有没有发现，当企业的生意不好的时候，资金有时反而不是大问题；当企业的生意好的时候，财务有时才开始有困难。因为当我们把市场开拓出来以后，就发现产品开始供不应求了，然后就开始增加生产线，增大进料数量，也要加大仓库容量，这时候我们就感觉到资金紧张了。因为客户是不可能先把钱给你，然后再拿你的货的。

所以我们往往是经营很顺利，感觉到很赚钱的时候，才发觉资金不够了，就开始考虑增资问题。企业只有增资，才有办法扩大生产，增加市场份额，才有很好的前途。假如这个时候，股东不和企业配合，不愿意增资，企业怎么办？恐怕只能“望洋兴叹”了。

股东是企业所需资金的主要供应者。股东对企业有信心，才肯继续投资，企业才能持续生存发展。

二、国有企业政府是股东

世界上很多国家的国有企业，经营状况是非常好的。同时，当一个企业需要很大的投资金额的时候，如果不是国有企业，谁办得了？比如开办一个大型炼钢厂，仅靠私人的资金是不可能成功的。所以最好的办法，就是由国家来投资，然后再慢慢地开放一部分给民营。

国有企业统统转为民营，也是非常危险的。公交汽车公司如果是民营的，就有可能在乘客多时开通路线，乘客少时停运，正常的公交秩序得不到保障。所以凡是跟公众生活息息相关的事业，基本上都不可以交给民营企业去办，只有国家才能承担这种责任。

国有企业有它存在的价值，民营企业有它的灵活性，也有它存在的价值，这才是合理的看法。所以，国有企业老总的心态，就不应该和民营企业的经营者一样。

我遇到过很多国有企业的老总，他说自己这么辛苦干活，把企业的利润提高很多，把事业扩展得很大，结果一个月才领这么一点钱，心里非常不愉快。其实他完全错了。他既没有投资，又没有冒险，都是国家在支持，凭什么跟民营企业的老总拿相同的钱呢？如果我们能这样想，心里就平衡了。

国有企业的老总也有享受的地方。我到国有企业的员工餐厅去吃饭，多半坐在老总的旁边。端盘子打菜时，服务员打给老总的饭菜往往都是较好的，分量也是较多的，服务员打给我的就比较差。我就说："你的饭菜比我的多呀！"他呵呵一笑，就承认了。因此，有形的所得不多，但是无形的所得相当多，还讲什么不平衡呢？一切都是心态的问题。

我也见过很多内心很安的国有企业的老总，他认为自己有今天的成就，其实是得益于国家政策好，是大家共同努力的结果，不完全是个人的功劳。所以即使他领的钱少，也很知足。知足的人就很安，不知足的人就会动脑筋，要去赚一些外快，最后可能就坐牢了。

国有企业如果没有股东的观念，就会把企业当作政府机构看待，忘记了盈利的正常任务。政府应该扮演股东的角色，对国有企业给予相当的投资，也提出一些具体的要求。股东不要过分干预企业经营，但是股东是有监督权的，应该参与企业的重大决策，不能说完全相信经营者。很多国有企业的老总，认为企业是个营利组织，不是一般的公务机构，所以不受政府的节制。其实他们应该了解，民营企业也有股东会、董事会，老总也是必须受到制约的。

国有企业将政府看成股东，才能够将自己当作企业来经营。政府不把国有企业看成政府的一个机构，国有企业也不可以完全依赖政府的支持，以公务员的心态来经营企业。国有企业，只有把自己当作企业看待，才能安然顺利发展。

三、报告财务与业务实况

股东最担心的是“血本无归”，一切投资都被别人在不知不觉中挥霍耗尽。股东最关心的是企业的财务和业务状况，他们总是凭借资产负债表和损益表来评估企业的业绩。只要这两方面运作正常，股东就比较放心。

企业应该加强财务管理，做好资金分配、运用和管控的工作；也应该适时拓展业务，保持合理的市场占有率；同时要把有关财务和业务的状况编成简明扼要的定期报告，如期寄发给股东。

为了方便股东阅读与了解，这些报告都要简单明了，而且不用专业术语，这样大家才看得懂。

四、分配优厚平稳的股息

股东一方面害怕“血本无归”，一方面则“希望获得较为优厚的资本报酬”。企业必须按期发放平稳且较优厚的股息，股东才会感到有安全的保障。

股东最希望的，就是企业能够如期发放股息。如果股息刚开始很优厚，一段时期之后，就不见踪影，没有任何动静，也会使股东害怕，担心是不是股息被吃掉了。因此股息分配一方面要优厚，一方面要平稳有保障，这才能使股东心安。

股东希望企业不但要赚取比较优厚的利润，而且要稳定地经营，持续地发展。因此，投资者往往希望经营管理企业的人，要随机应变，但却非常担心他会投机取巧。所以我们今天都希望企业是正派经营的，就是这个道理。只要企业是正正当当的，按照政府的政策法规去运作，按照市场调研的结果去研发产品，然后脚踏实地地去求发展，投资者是会比较放心的。

分配比较优厚而且稳定的股息，是安股东最好的一种方式。当然股东也可以说我们现在都不缺钱，不要分红了，把股息再投资进去，这是可以的。但是我们一定要说清楚，让股东很自愿地做这件事情。

我们基本上不主张把股利全部发放掉。企业应该有股息平稳的准备，以调节盈虚，保持股息的适当水准。所以我们有一个叫作“股息平衡”的原理，就是说今年股息多了，就留一部分下来，不完全计算在盈余里面。

五、给予投资的安全保障

企业经营，当然具有风险。股东的要求，则是投资要有安全的保障。企业的决策，必须戒慎恐惧，根据完整的信息，加以周详分析，一切力求合理，才能减少风险，保障股东的投资安全。

股东不希望企业投机取巧，却盼望企业能够随机应变。所以做决策的时候，我们不可以盲目冲动，当然也不能过分保守。如何做出合理的决策，这是对经营者智慧的考验。

我们建议对任何事情，慎始、三思、随时机动调整，股东才能安心。

（一）慎始

刚开始就要小心，千万不能大意。第一步走错了，整个方向都错了，虽然可以调整，但是太费劲了。所以中国人常说“谋定而后动”，就是说要先做好规划。

我们先进行可行性分析，看看到底有多大的风险，能不能承受，这是很重要的。承担得起，就可以试一试；承担不起，干脆就放弃算了。我们承担不起，别人承担得起，那就让他去做好了。不必争这一口气说“别人能做，我一定能做”。很多人有这种观念，其实在经营管理上并不需要这样。

（二）三思

任何事情都要“三思而后行”。“三思”其实不是说想三遍，而是想想最坏的结果。如果最坏的结果是这次投资失败了，大家都觉得无所谓，那我们就可以决定投资。人有时候是不能不冒险的。完全不冒险，你连第一步都走不出去，还能发展吗？

想完最坏的结果，我们就开始想最好的方面，知道结局不可能那么坏，也不可能那么好，这样就可以掌握整个事情的精髓。

（三）随时机动调整

计划不是定下来以后，就不能变了。中国人计划归计划，做归做，听起来好像乱七八糟，实际上不是，计划如果可行的话，我们当然按照计划去做；万一计划遇到了障碍，无法继续按原计划走下去了，我们就要调整。这就叫作“随机应变”。但是“随机应变”很容易变成“投机取巧”，这个我们千万要注意。

六、如期按时地发放股息

股东最期待的，是如期按时发放股息的实际行动。空言不如实行，股息如期按时发放，既可以使股东预先做打算，把股息再做有利的运用，也能够证明企业的财务、业务报告真实不虚。

如果企业结算后确有盈余，但是现金不足，不能按时发放股息；或者有盈余，却希望抓住机会，用来扩展业务，这时候也不能如期发放股息。但是股东并不知情，以为“言而无信”，引起怀疑。

上述情况，都应该及时向股东说明，征得大家的同意，改发“财产股息”或“期票股息”，使股东安心。因为我们是内行，股东大部分是外行，他们搞不清楚企业到底在干什么。我们对股东要有一致的口径，这不是骗他，而是让他不要起疑心，认为我们的说法好像彼此有矛盾。

多和股东沟通，尊重股东的意愿和权益，是安股东的有效途径。因此，我们向股东报告的时候，要站在他的立场，在他听得懂的情况下，具体说明企业的财务和业务状况。

第8章

安人之道，贵在循序渐进

一、安人之道三阶段

中道管理的安人之道，可以分为三个阶段，同时掌握两个要领。

第一阶段：建立共识

务求大家有共同的理念和评估的标准。企业成员共同以安人来取代利润目标。举凡一切言行，都要以整体安宁为依归。大家切实体认“仁”就是推自爱的心以爱人，自己要求安，也要使别人能安。唯有安居乐业，员工才能由向心而同心，产生信心之后，更激发其忠心，于是业绩提高，工作士气高昂，不言利而利自来，乃是安的具体效果。

第二阶段：探究不安

各阶层主管都要尽力了解、关心部属，用“患不安”的测试法来探究显露的或潜在的不安。想办法把员工、顾客、股东以及社会大众不安的地方找出来，明了他们不满意的原因。

第三阶段：消除化解

可以消除的不安，应该及时设法消减；一时无法解决的，也应该表达关怀和歉疚，使其充分谅解，不致积压抑制，以求安员工、安顾客、安股东以及安社会大众。

除了以上三个阶段，还要加上“讲求方法”和“注重效果”两个要领。

要领一：讲求方法。

爱是珍惜、关怀，不是讨好、施恩。我们要看得起员工、敬重他们，而不是一味地顺从他们，以致“爱之适足以害之”。在领导、沟通和激励方面，我们应该用中国式的方法，才能合乎中国人的性格。当方法对的时候，我们就会越来越轻松；当我们感觉越来越劳累时，方法一定有问题，这时就要改变方法，而不只是抱怨。

要领二：注重效果。

任何措施都应该追踪考核其效果，发现不理想，立刻反省自己所采取的态度和方法，是不是有什么不妥当。否则为什么说了老半天，费了很大的劲，大家仍然爱理不理的？千万不要抱着“我已经说了，已经厉声痛骂过了，听不听由你”的心态，因为一次无效果会带来更多的无效果，必须尽快扭转此形势才好。

安人之道的第一到第三阶段，都需要讲究合理的方法，并且追踪考核，不停地去改善，以确保良好的效果。因为合理是变动的，它不可能固定下来。

二、首先要建立共识

企业组织与国家不同。组织应该是“少数志同道合的人”所组合成的一个团体。企业可以选择“少数志同道合的人”，而国家无法选择，因为它要照顾到每一个人。

既然企业是由“少数志同道合的人”组成的，那么大家就应该有一致的认识。大家依照共识来办事，才称得上“志同道合”。企业不是“闹革命”的地方，为什么很多年轻人不受欢迎？就是因为他有太多与别人不相同的理念，“道不同，不相为谋”，只好让他离开了，为什么要留他在企业里捣乱呢？

所以在“理念导向”的时代，企业在选择员工的时候，要挑选那些理念与大家相同的人，而不仅是能力高强的人。他能力很强，却专门跟你唱反调，你要这种人干什么？因为我们的企业目标是很明确的，我们的员工数量是很有限的，他们是来工作的，不是来唱反调的。

大家也不要认为，我们不欢迎有意见的员工。如果真的了解企业，你可以提出意见；如果你不了解企业，提一大堆意见干什么？所以你一定要知道，当上司欣赏你的时候，你可以有意见；当上司根本不把你当一回事的时候，你有意见只能让他生气。

我们要先站在“合”的立场，再来“分”，才能分得很好。一见面就要“分”，那最后就是“裂”。我们要“分而不裂”，这才是企业管理。一分就裂，那就是“闹革命”。

大家有共识，安人的理想才会一致，安人的标准也才会相同，才有可能成为同甘苦、共患难、荣辱与共、互利互助的利益共同体。如果理想、目标不一样，连标准都不一样，那还是分道扬镳、各走各的路比较好。

所以我常常劝很多年轻人：你到一家公司，应先问自己能学到什么东西，而不是先问能赚多少钱。凡是一头栽进去，先问能赚多少钱的人，都是不会有什么出息的。你选择一家公司后，第一要先问“我在这里能不能成长，能不能学到东西”；第二要问“我出去后，人家会不会看不起我”。如果会，那在这里赚再多的钱也没有意思；人家看得起我，就表示这家企业的形象不错。你可以学到很多东西，企业发展又有前途，就不要轻易跳槽了。

我们对管理的意义、功能、目的要获得共识。有了共识以后，大家看法一致，步调才会一致。当然步调会有人快，有人慢，这时候就要调整，快的人要慢一点，慢的人加快一点，步调才能一致。大家同心协力，才能产生强大的组织力。

我们对“大安”“小安”“久安”“暂安”“实安”“虚安”“众安”“寡安”有共识，大家才能够互相体谅，共同向前迈进。让少数人得到好处，其他人必有不平的感觉。只要员工感觉到不平，他就会觉得自己受委屈。一个人受了委屈以后，他就要报复，要申诉。不管申诉也好，报复也好，都是制造不安的因素。

安人之道的第一要项，是建立共识，把大家的观念慢慢地拉近。

企业老总应该做的事情，就是有事没事把部门经理找来，大家坐在一起谈一谈。在台湾地区，很多老总的办公室都有一整套泡茶的茶具，下属下班之后不会马上回家，都会到老总的办公室泡茶、聊天、建立共识，顺便谈谈当天公司发生的事情，让老板完全了解公司的动态，老板才知道怎么做决策。

三、其次应探究不安

我们建立共识之后，大家对“安”与“不安”有了比较清楚的区分，界定的标准也比较一致，就可以根据“安”与“不安”的标准，把“个人的不安”、“部门的不安”以及“整体的不安”寻找出来。

员工个人有什么不安，我们就和员工个人谈；部门有什么不安，我们就和部门员工谈；公司整体有什么不安，就把相关单位都找来，大家一起谈。所有的不安都不要放过，因为小的不安会变成大的不安，少数人的不安可能会变成大多数人的不安。

我们要让下属去了解员工的不安。老板的责任就是看下属有没有尽到责任，而不是告诉下属怎么去做。属于下属范围内的事情由下属自己去解决，这是上策。领导者只是旁观者，看他做得合理不合理。如果做得不合理我们就指点他，这样做，后面的问题怎么办？他一听就懂了。最高明的领导就是让下属自己做决定，而不是由领导自己来做决定。

我们要分别追究造成不安的原因。追究不安的原因，就要追根究底，连续追问几个“为什么”，这样才能够找出根本原因。

凡有不安，我们都应该列举出来，当作一种线索。有时候探究下去，才发现原来不是因此而不安，却是另有其他原因。台湾地区的企业经营，有许多正待改善的“不安”，举例说明如下：

第一，经营方针不明确的不安。企业经营者没有明确经营的目标和方针，只是盲目投机，抱着“捞一把”的心态，形成一窝蜂的不正常现象，造成企业界的不安，连带使得他们的员工也不得其安。

第二，缺乏技术开发能力的不安。祖传秘方，加上更为厉害的仿制技术，使得企业界难以快速引进外来的新技术，逐渐因技术升级缓慢而不安。

第三，不能重视人才的不安。中国传统最重视“知人之明”，也最讲究用人之道，竟然由于“奴才好用”，以及过分相信考试、测验的功能，把好好的一套觅才、识才、聘才、礼才、留才、尽才的宝贝给丢掉了，如今更寄望于机器人及电脑，难怪人才越来越不安。

第四，小资本经营缺乏竞争力的不安。中国人其实并不是个个想当老板，却由于“明主可遇不可求”，再加上企业不重视培训，未曾让伙计们了解老板难为的苦经，以致“初生牛犊不怕虎”，个个力争成为创业者。大企业只想伺机吃掉小企业，小资本经营者投靠无门、合并无望，虽然悔之晚矣，却又为了面子问题，不得不苦苦支撑，几番风雨，真是朝夕难安。

第五，家族式经营的不安。家族企业事实上有很多好处，也十分符合中国人的民族性，可惜经营者不是不知授权，而是不敢授权于外人；不是不想增资扩展，而是外人不想轻易投资；不是不希望借助外力，而是不知如何能让外力为其所用。在这种情况之下，家族式经营，当然容易产生代沟，形成“进也不是、退也不是”的不安。

第六，人力未能开发的不安。“千里马”多的是，只是潜力不能得以充分发挥。企业界误用一些不尽符合中国人性格的领导、沟通、激励方法，结果越管越糟，也招致更多的不安。

第七，劳务对策未能因应时代潮流的不安。企业管理者，单凭一句“我们以前哪有这么好的命”，就忽视了“劳动时间的缩短、效率的提高、工作环境的改善”等劳务对策的调整，以致员工情绪不安，逐渐引发劳资纠纷。屡次冲突的结果是，不但企业界自身，甚至整个社会都不得安宁！

第八，未重视整体发展的不安。企业的危机是多元的，无论人事、财务、销售或生产，任何一环遭遇重大的困难，就会立即陷入危险之中。对整个社会来说，企业的发展也是多元的，每一种行业，都和其他行业有所关联。如果行业之间不讲求均衡发展，而企业自身也不重视整体改善，那就有“见树不见林”的不安。

四、然后要消除化解

我们找出不安的原因，还要针对这些不安，从根本上设法加以化解。但是我们要小心，并不是所有的不安，你都要把它化解掉，也不是所有的不安，都可以全部化解掉。有时候，员工稍微有点不安，反而是一种激励的能量。因为人太满足了，就可能不求上进了。

我们至少要将不安分成三个层次，分别予以消除化解。

第一，能够做的，马上做，不要拖，让大家觉得你很有诚意，也很有决心和魄力。

例如，员工感觉中午要跑很远的地方去吃饭，太不方便了。为员工设个食堂，让他们自己去管，公司是很容易做到的。但记住一点：公司千万不要插手去管，否则员工就会产生怀疑。让员工自己成立一个伙食委员会，让他们自己去管，想外包就外包，想自己做就自己做。

第二，实在做不到的，要明白说出来，让大家死心，另外想办法。不要吊大家的胃口，结果大家灰心，失去信心。

中国人是非常愿意好好商量的，但你不能骗他。因为中国人很聪明，你一骗他，他马上就知道了。如果你告诉他，你的意见很好，但是坦白地讲目前解决有困难，至少三年内不行。他就死心了，就会退而求其次，另外想别的办法。

第三，需要一段时间才能够解决的，给大家一个时间表，大家会耐心等待，不再烦躁不安。

大家既然是一家人，没有什么不能说的。比如，员工天天挤公交车，搞得精疲力竭，要求上下班有公司的车子接送。我们就说："这个想法很好，公司也有这个计划，但三年以后才有办法实现，现在没有办法做到，因为目前公司财务负担不了，而且大家住得很分散，上下班接送会浪费太多时间。"我们这样说，员工是能够理解的。

由此可见，消除化解不外乎三种状况：一种是马上可以做的，一种是实在做不到的，一种是需要一段时间才能做的。其中没有一种是在欺骗、敷衍员工。但我们有些企业经常是在欺骗、在敷衍员工，所以闹得员工很不高兴。

五、随时要讲求方法

我们无论建立共识，探究不安，或是消除化解，都要讲求方法。只有方法适当，做起来才会轻松愉快，而且确保有效。

第一，**建立共识**，**要多沟通**，**少用强迫的方式**，**多启发**，**多引导**，**使大家自动建立共识**。**由内心发出的**，**才是有效的**。

举个例子，公司如果想制定一套薪酬激励制度，有好几种方法：一种是请外面的专家来设计；另一种是领导自己设计，然后公布实行。其实这两种都不是好办法，因为员工不会认同。我们完全可以把它变成一种活动，让全体员工都来参与。我们首先问问大家："公司需不需要薪酬激励制度？"让员工发表意见。如果大多数人都说不需要，你就暂时不要去制定了；如果大多数人都说需要，你完全可以让他们去制定。参与的结果，就是他会很关心；关心的结果，就是他会认同；认同的结果，就是他很乐意地去执行了。

能够让员工参与的，尽量开放给员工，让他们有参与感，将来的效果是非常好的。如果不能全员开放，最起码也要请大家选出一个委员会，让委员会去做。

第二，**探究不安**，**要多方思考**，**务求找出根本原因**。**消**

除化解，更要有一套有效的方法。不但要有效果，而且还要避免消除化解所带来的后遗症。

我们随时讲求方法，务求有效，这是安人之道的第一要领。管理要求安人，而方法是不固定的，要因人、因事、因地、因物而做出不同的选择，不能说一套方法通用天下，那是不对的。所以安人的方法，必须因应时空的变迁做好调整。只要用对了，都可以获得安人的效果。

例如，生产部门与销售部门平日偶有意见不合，只要彼此能够协调解决，相安无事，总经理就应该装作不知。切忌摆出法官姿态，让双方当面对质，以辨孰是孰非，这样便是制造不安。但是假装不知道，并不是真的不知道，还是要暗中设法消除两部门相争的根源。此时务须充分照顾有关人员的面子，以免引发其他的不安。

化解纷争却带来严重的后遗症，是以制造问题的手段来解决问题。唯有化解问题于无形，才是合理的解决方法，因为它不致再度制造不安。至于非常时期，举凡是生产、销售之间的争执，足以导致机构整体的不安，总经理必须挺身而出，审慎处理，以求得团体的安。事实上，这就是管理上“例外原理”的应用。

六、样样都注重效果

我们建立共识，探究不安，消除化解，固然要讲究方法，更应该追踪考核，评估其效果。有效的管理，才是大家所需要的管理。

管理的有效性，实际上十分重要。发现效果不理想，要马上反省所采取的态度和方法是不是有什么不妥当。

我们样样都要注重效果，是安人之道的第二要领。

中国人到底是重视过程，还是重视结果？我们有两句话，一句话叫作“不以胜败论英雄”，就表示我们不太重视结果，比较重视过程。但另外一句话“成者为王，败者为寇”，又表示我们很重视结果。因此，我们是过程和结果并重的。

中国人常说“听天由命”，只要你尽了力，就什么都不必计较了。我觉得这是中国人的聪明之处。中国人只问你有没有尽力，结果好坏都没有关系。如果你没有尽力，那你就要对结果负很大责任了。连孔子都讲“尽人事，听天命”。

“听天命”是一种“知命而不认命”的态度，“命”不可不知，因为孔子说：“不知命，无以为君子也。”管理者深知企业必有其“风险性”，而预测亦有其“不确定性”，但却不能因此而“认命”。管理者要竭尽所能，以证明是否有“成功”的“命”，这是一种头脑清楚的做法。

中国人的人生哲学是非常圆满的。每个人做所能做的部分，只能决定过程，至于结果，那是老天在决定。这样想岂不是很愉快吗？我们要走正道，不要走偏道，就是要清楚管理的最终目的是“修己安人”。我们很重视效果，但是也非常重视过程，从头到尾，都要照顾好，只要存在一个缺点就是不好。我们要“慎始善终”。“慎”就是谨慎，“善”就是好，是合理。有始必有终，任何事情刚开始要很谨慎，最后只要合理，你就心安理得。所以我们“不以胜败论英雄”，相反，胜的人要去照顾败的人，“安”的人去关心“不安”的人，这就能收到最圆满的效果。

（正文完）

后记

我们现在的时代，和过去最大的不同，就是知识普及，大家获得了越来越多的信息。在这种情况下，我们就会有一种很自然而然的要求，就是人性要受到尊重。

人的尊严其实很简单，就是你能不能自己决定自己的事情。假定你的事情，自己完全无权决定，被人家摆布，你就不是自己的主人。所以我们在谈论人性尊严的时候，很多人往往没有抓到重点。人性的尊严，就在于你的自主性。大家有没有发现，现在的小孩越来越不听话。他想做什么就去做什么，你叫他往东他就偏往西，你叫他这样他就偏那样。这是个很自然的现象。

如果在一个组织里，只有一个人可以做决定，其他人完全是当听众的话，那就只有领导一个人有尊严，其他人是没有尊严的。这样的组织，它的力量有多大？相信大家可以很清楚地想象出来，因此大家都会慢慢地觉悟到，发号施令其实是不对的。因为领导有了意见，下属就不可能有意见了，特别是不可能有和领导完全不同的意见，那注定下属是最吃亏的。

一个人一定要听到更多的意见，考虑事情才有可能很周全。因为一个整体性的事物有方方面面，从不同的角度，站在不同的立场，就应该有不同的看法。我们多听就多一个选择，多一种参考的意见。许多管理者以前很喜欢发号施令，却从来没去检讨过这样做到底有没有效果。我们喜欢讲“我说了算”，但别人不把你当一回事的时候，就等于“说了不算”。

中国历史上最会带人的人之一，就是刘邦。他没有太多的规矩，只是“约法三章”，而且“约法三章”还不见得是规定，这是最妙的地方。因为规定太多了，“法令多如牛毛”，是根本没有人理会的。

我访问过很多公司，每个公司都说有自己的规章制度。制定几条制度或搞几个规章，那是再容易不过的事情，随便写写就有几十条。我就问公司的员工，你看了那些规章制度没有？他说没有看。我说难道它不重要吗？他说很重要。我说既然很重要你为什么不看？他的答案有趣多了，他说："规定太多了，看不完，如果规定少一点，我一定会看的。"下面这句话更妙，他说："就算我去看，我也记不住，那看了不是等于没有看？用的时候再找就可以了，看它干什么？"我想这就是人性。

一位领导者，一定要站在被领导者的角度想一想："如果我是他们，我会怎么样？"规定一大堆，他根本不看，那就等于零。所以领导每次发脾气时都说："难道规定还不够清楚吗？你为什么不照规定去做？"下属不讲话，但他心里暗自好笑："那么多规定我记得住吗？"

"约法三章"如果规定得很细，那就糟糕了，仅仅抓到一个枝节而已。所以规定少，就必须有弹性，而且是概括性的、原则性的。这样做有很大的好处，就是可以让员工举一反三，自己好好去想，然后他就可以成长。我想管理者有一个很大的责任，就是要让全体员工都不断地成长，而不只是赚了多少钱而已。

我们现在的观念其实不是这样。我们希望所有员工都为公司效命，大家都尽心尽力地作出贡献，让公司的业绩不断提升，让公司的形象越来越好，结果他们自己却全"牺牲"了。

这就应了一句古话，叫作“一将功成万骨枯”。工作越认真的员工“死”得越快：一方面是身体受不了，另一方面是他可能完全没有成长。一个整天忙于工作、不会充电的人，是无法成长的。所以一个很能干的人，大概三五年后他就不能干了。现在的组织，我给它起一个很不好听的名称，叫作“甘蔗压榨机”，你看把甘蔗一根一根塞进去，榨出汁来，大家喝得愉快，可是甘蔗最后却被丢掉了。一个人正当年轻力壮的时候跟了你，你拼命用他，就等于在压榨他，等到他江郎才尽了，你一脚踢开他，这是人道的吗？

但是现代化管理就是这样。美国人就看员工有没有贡献，没贡献就让他滚蛋。那他当年的贡献为什么不算呢？他本来很能干，现在变得不能干，谁的责任呢？从来没有人想过这些。“约法三章”代表一种精神，就是让每一位员工都要自己动脑筋，自己去找规定，自己去找合理点，进而从中不断成长。

人的工作有一个很重要的目的，就是在工作中不断地提升自己，其他的都是假的。赚钱多少是没法比的。赚钱有一个临界点，在“满足需要”的这条线之下，一毛钱也很重要，叫作“一文钱逼死英雄汉”。可是过了那条线以后，大家都一样了。

金钱不是万能的。金钱可以买到很多东西，但是金钱绝对无法买到所有东西。在你需要的时候，金钱是很管用的，超过你需要的那条线，它其实没有太大的用处。所以完全用金钱来衡量人生，这是很大的错误。

人生最要紧的是充实自己，让自己的视野更广阔，让自己的脑筋更灵活，让自己看事情更准确，让自己与别人相处更和谐，让自己对社会群体有越来越多的贡献，而不仅是挣多少钱。在这个大前提之下，我们必须想办法，让每一个跟随我们的人，都能够不断地成长，而且是正向成长，不是负向成长。在这种情况下，我们必须充分地尊重他们。换句话说，就是管理者不要管得太多。今天我们是过度管理，不是不会管理，而是不该管的却管了一大堆。我们缺乏领导，过分管理，使得跟随我们的人都被绑得死死的。他不动脑筋，就在那里待命，最后越来越呆。这个人变呆以后，整个组织就被他拖垮了。

很多人一直在强调"商场就是战场"，我想不应这样。一个人经历过战争以后，就会不断做噩梦，日子很不好过。商场不应该是战场，我们没有必要强调这一点。我们可以很轻松、很愉快地把自己的企业经营好，让所有跟随我们的员工都不后悔。这才是一个管理者最大的成就。

管理的法则如果太多，大家就不容易抓住要领，因此反而不知道怎么去分辨对错。有太多的规定，反而没有效果，这就叫作“徒劳无功”。倒不如“约法三章”，让大家很容易记，很容易做，而且有很大的弹性，我想这是很重要的。

曾仕强

聚拢人心的法门

作者 _ 曾仕强

编辑 _ 杨越颖　装帧设计 _ 肖雯　主管 _ 陈亮
技术编辑 _ 顾逸飞　责任印制 _ 杨景依　出品人 _ 毛婷

营销 _ 魏洋 礼佳怡 成芸姣

鸣谢（排名不分先后）

潘毅 张晓意 何月婷 余雷

果麦
www.goldmye.com

以 微 小 的 力 量 推 动 文 明

图书在版编目（CIP）数据

聚拢人心的法门 / 曾仕强著. -- 2版. -- 北京 : 北京联合出版公司, 2025.9. -- ISBN 978-7-5596-8660-2

Ⅰ. C936-49

中国国家版本馆CIP数据核字第20254PP647号

聚拢人心的法门

作　　者：曾仕强
出 品 人：赵红仕
责任编辑：徐　樟
封面设计：肖　雯

北京联合出版公司出版
（北京市西城区德外大街83号楼9层　100088）
文畅阁印刷有限公司　新华书店经销
字数78千字　880毫米×1230毫米　1/32　4.75印张
2025年9月第2版　2025年9月第1次印刷
ISBN 978-7-5596-8660-2
定价：38.00元